ENEIDA

Leia também:

Coleção
Clássicos Gregos

Édipo Rei

Antígona

VIRGÍLIO

ENEIDA

(cantos I, II, III e IV)

Juno versus Vênus
Queda de Troia
Aventuras de Eneias
Os Ciclopes
Os amores de Eneias e Dido

Traduzido diretamente do latim

por

DOMINGOS PASCHOAL CEGALLA

DIFEL

Capa: Rodrigo Rodrigues

Editoração: DFL

2009
Impresso no Brasil
Printed in Brazil

CIP-Brasil. Catalogação na fonte
Sindicato Nacional dos Editores de Livros, RJ

V81e Virgílio
Eneida: (Cantos I, II, III e IV)/Virgílio; traduzido diretamente do latim por Domingos Paschoal Cegalla. – Rio de Janeiro: DIFEL, 2009.
120p.

Tradução do original em latim
ISBN 978-85-7432-098-4

1. Poesia épica latina. I. Cegalla, Domingos Paschoal, 1920-. II. Título.

CDD – 873
09-2963 CDU – 821(8)

DIFEL – selo editorial da
EDITORA BERTRAND BRASIL LTDA.
Rua Argentina, 171 – 1º andar – São Cristóvão
20921-380 – Rio de Janeiro – RJ
Tel.: (0xx21) 2585-2070 – Fax: (0xx21) 2585-2087

APRESENTAÇÃO

A *Eneida*, do poeta latino Virgílio, é um dos mais belos poemas épicos da literatura universal. Virgílio o escreveu, antes de tudo, para exaltar o povo latino, a sua pátria, o gênio nacional romano. Numa passagem dessa grande epopeia, diz um dos personagens em tom profético:

"Outros povos, estou certo, trabalharão com mais primor o bronze, farão saltar do mármore figuras que parecerão vivas, serão melhores tribunos, melhores astrônomos; mas vós, romanos, tereis por missão governar os povos, impor condições de paz, poupar os vencidos e subjugar os soberbos. Essas serão as vossas artes."

A *Eneida* compõe-se de doze cantos. Nossa tradução, baseada no texto latino organizado pelo latinista francês Henri Goelzer[1], limitou-se aos quatro primeiros, os quais, sem dúvida, contêm os episódios mais belos e empolgantes da epopeia virgiliana: a aventura marítima do herói troiano Eneias, em busca da Hespéria, as violentas tempestades desencadeadas pela deusa Juno sobre a frota dele, o cerco e a queda de Troia, o gigante Polifemo e os ciclopes, os amores de Eneias e Dido, rainha de Cartago etc.

Virgílio (em latim, *Publius Virgilius Maro*) nasceu em Mântua, no norte da Itália, no ano 70 a.C. De família modesta, iniciou seus

---

[1] Henri Goelzer, *Enéide*, texte latin, cinquième édition, Paris, 1901.

estudos em Cremona, continuou-os em Milão e completou-os em Roma. Cedo revelou seu grande talento poético no livro *Bucólicas*, poemas pastoris, seguido de as *Geórgicas*, poemas sobre o trabalho no campo, nos quais se revela profundo conhecedor das diferentes atividades agrícolas. Mas foi a *Eneida* que lhe granjeou fama nacional e lhe valeu o título de *Príncipe dos Poetas Latinos*.

Virgílio viveu num dos períodos mais brilhantes do Império Romano e gozou da estima e proteção do imperador César Augusto e de Mecenas. Homem íntegro e afável, dotado de forte e elevada sensibilidade poética, morreu no ano 19 a.C., aos 51 anos de idade. Não teve tempo de expurgar a *Eneida* de algumas falhas e dar-lhe o acabamento final, como desejava. Trata-se, porém, de pequenas imperfeições que desaparecem diante dos méritos e do brilho dessa empolgante epopeia, que vem atravessando os séculos, sempre lida e admirada.

DOMINGOS PASCHOAL CEGALLA

ENEIDA

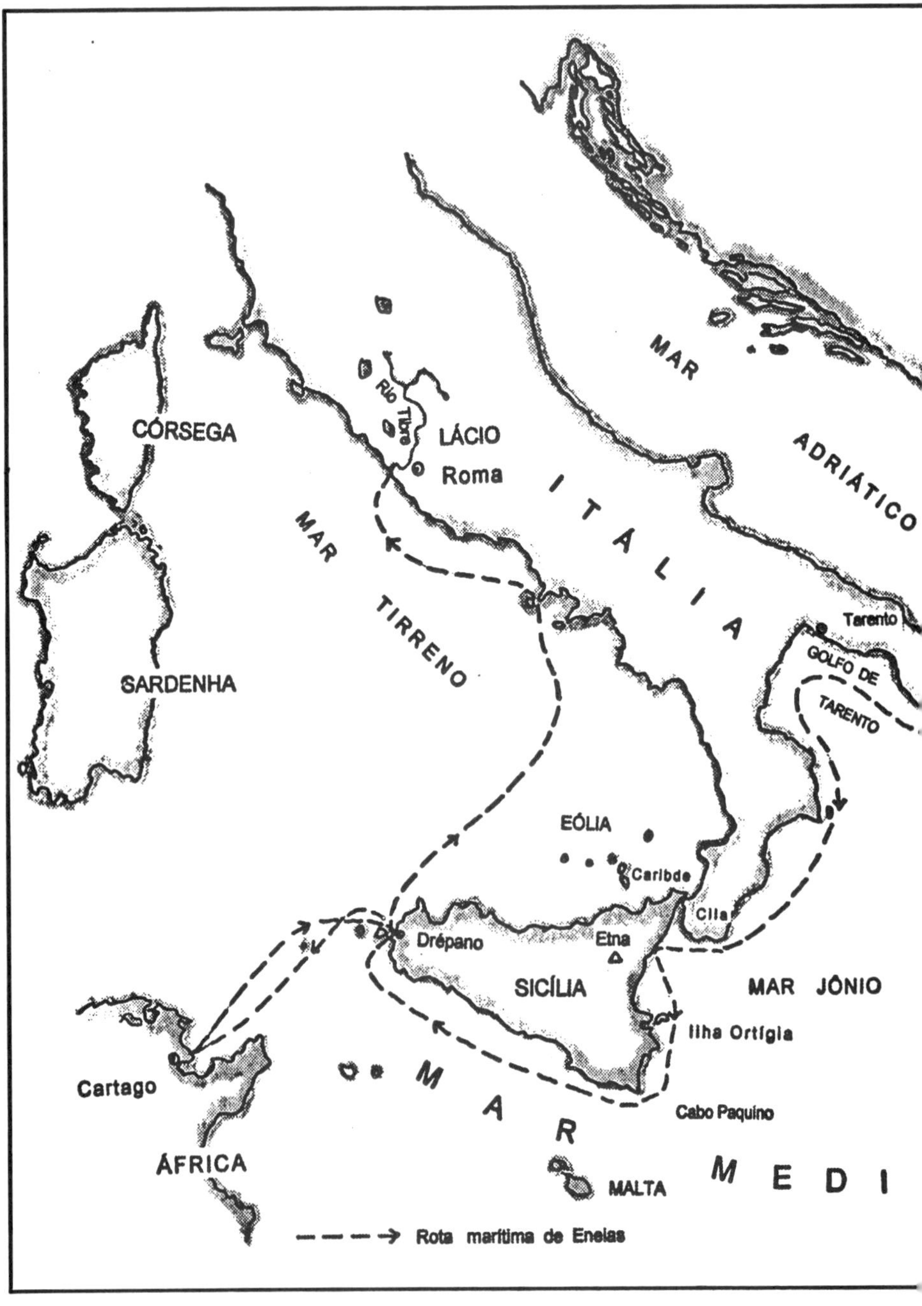

MAPA DA VIAGEM DE ENEIAS

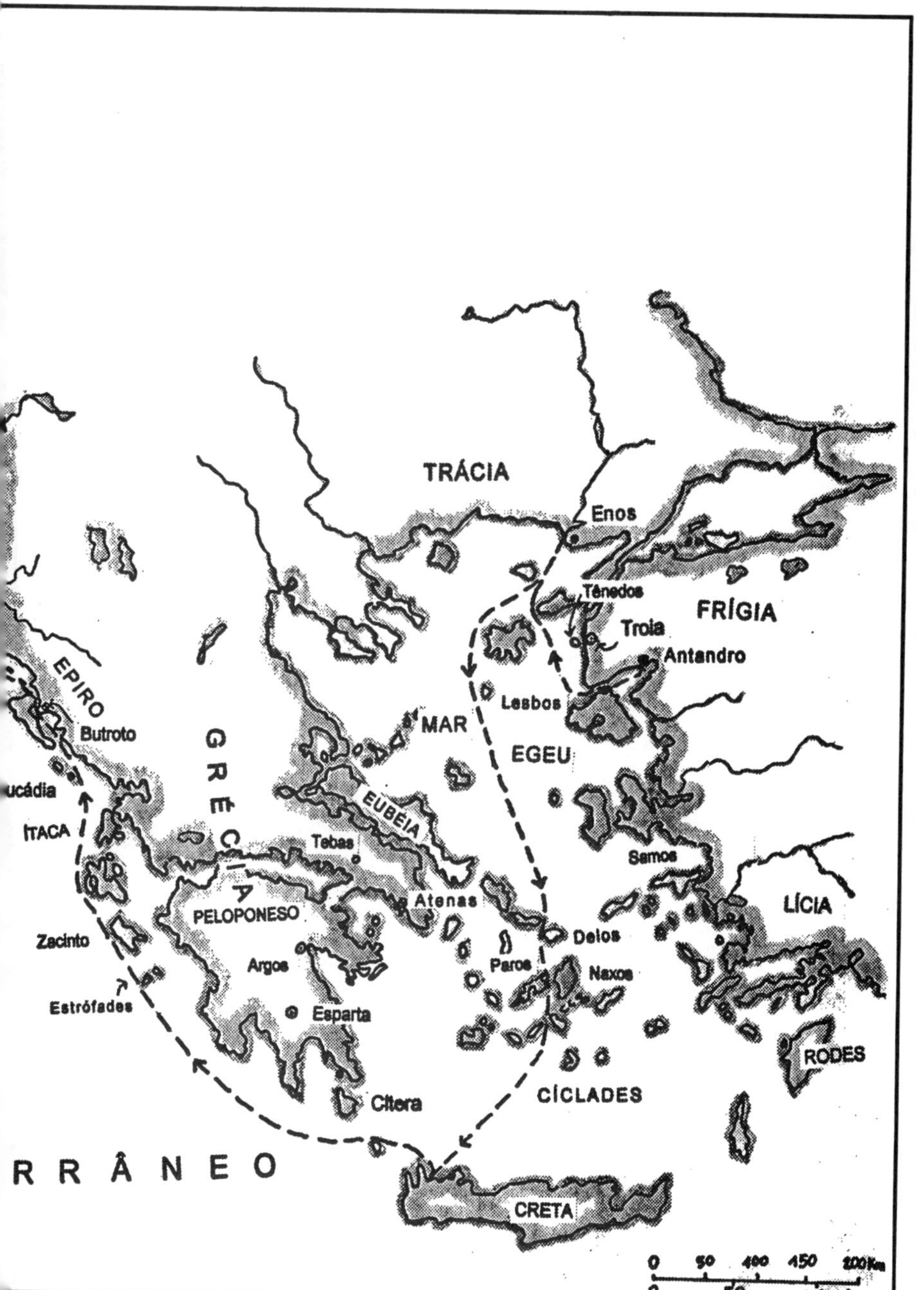

TRÁCIA
Enos
Tênedos
FRÍGIA
Troia
Antandro
EPIRO
Butroto
GRÉCIA
MAR
EGEU
Lesbos
ucádia
ÍTACA
EUBÉIA
Tebas
Samos
LÍCIA
Atenas
PELOPONESO
Zacinto
Delos
Argos
Paros
Naxos
Estrófades
Esparta
RODES
Citera
CÍCLADES
RRÂNEO
CRETA

CANTO I

Canto as lutas e o herói[1] que, forçado pelo destino a fugir do solo pátrio, partiu das praias de Troia e chegou primeiro a Lavínio, no litoral da Itália. Muito o maltrataram, em terra e mar, as forças celestes, por causa do ódio da impiedosa Juno. Muito também sofreu na guerra, enquanto edificava a cidade e introduzia no Lácio os deuses de Troia: essa é a origem do povo latino, de nossos ancestrais albanos e da altiva e inexpugnável Roma.

Dize-me, ó musa, por que a amargurada rainha dos deuses[2], contrariada em seus desejos, foi levada a desencadear tantas desgraças sobre um varão de insignes virtudes, submetendo-o a tantos trabalhos e provações? Há tanta cólera assim no coração dos deuses?

Cartago foi uma antiga cidade, colônia dos fenícios de Tiro, situada muito distante da Itália e da foz do Tibre, rica e duramente adestrada na arte da guerra. Dizem que Juno preferia Cartago a

---

1 *Herói*. Eneias. Segundo a lenda, depois da queda de Troia, Eneias veio com um grupo de troianos para a Itália. Esses troianos, mesclando-se com os autóctones, deram origem ao povo latino. O povoado de *Lavínio* estava situado perto da foz do Tibre, onde Eneias aportou.

2 *A rainha dos deuses*. Juno. Ela queria que Cartago, e não Roma, se tornasse a capital do mundo.

qualquer outro lugar do mundo, até mesmo a Samos[3]. Ali estavam as suas armas, ali o seu carro. O grande desejo e empenho da deusa eram ver Cartago, se o destino permitisse, tornar-se a sede do Império e a capital do mundo. Juno, porém, estava preocupada porque ouvira dizer que, algum dia, um descendente da raça troiana haveria de destruir a cidade de Cartago e que agora deveria chegar, para a ruína da África, um povo conquistador e valoroso na guerra: era o que vaticinavam as Parcas[4].

Juno temia tais vaticínios e lembrava-se da antiga guerra de Troia, na qual, mais do que qualquer outro deus, ela havia combatido pelos seus amados gregos. Lembrava-se também da causa da sua raiva e do atroz sofrimento, gravados no fundo da alma, que lhe causara a decisão de Páris[5], que afrontou a sua beleza. Não lhe saía da lembrança também a odiosa raça troiana e a honrosa sorte de Ganimedes[6], raptado e elevado ao céu por Júpiter. Essas lembranças lhe inspiravam profunda cólera e, por isso, retinha longe do Lácio, sacudidos sobre as águas do mar, os sobreviventes troianos, escapos da sanha grega e da espada do cruel Aquiles[7]. Joguetes do destino, erraram, durante muitos anos, por todos os mares. Tão dura tarefa era constituir a nação romana!

Logo que se afastaram da costa da Sicília e se acharam em alto mar, navegando felizes, as brônzeas proas[8] cavando sulcos espumosos, Juno, remoendo no peito seu eterno ódio, disse consigo:

---

3 *Samos.* Ilha do mar Egeu, onde Juno tinha um templo e era venerada.
4 *Parcas.* Deusas do destino. Segundo a mitologia, teciam, enrolavam e também cortavam o fio da vida dos homens.
5 *Páris.* Filho de Príamo, rei de Troia. Escolhido para decidir qual das três deusas, Minerva, Juno e Vênus, era a mais bela, deu o seu voto a favor de Vênus.
6 *Ganimedes.* Príncipe troiano. Havia sido raptado por Júpiter para servir de copeiro dos deuses, em lugar de Hebe, filha de Juno.
7 *Aquiles.* O mais célebre dos heróis gregos no cerco de Troia.
8 Brônzeas proas. As proas dos navios eram revestidas de bronze.

"Eu desistir, vencida, do meu projeto? Não poder afastar da Itália o rei dos troianos? Será que o destino me impede de realizar o meu intento? Não incendiou Minerva a armada dos argivos e não os afogou no mar, simplesmente por causa de uma ofensa do furioso Ajax[9], filho de Oileu? Minerva lançou sobre ele o raio de Júpiter, açulou os ventos sobre o mar revolto e destruiu-lhe os barcos, que se despedaçaram de encontro aos rochedos de uma ilha. Ao infeliz Ajax, a expelir chamas do peito fulminado, a vingativa deusa agarrou no turbilhão das águas e espetou-o num pontiagudo rochedo. E eu, Juno, que ando com majestade, como rainha dos deuses, irmã e esposa de Júpiter, há tantos anos guerreio contra um só povo! Quem, depois disso, adorará o meu poder divino, ou, súplice, ainda me venerará, depositando oferendas em meus altares?"

Revolvendo tais coisas em sua mente inflamada, a deusa parte para a Eólia[10], reino das tempestades e dos ventos enfurecidos. Ali é que o rei Éolo encerra, num antro imenso, os ventos rebeldes e as tempestades ruidosas, mantendo-os algemados em cárcere. Os ventos, indignados e furiosos, fazem reboar a caverna do monte com grande estrondo. Sentado no topo da montanha e empunhando o cetro, Éolo controla o ímpeto e refreia a fúria deles. Se isso não fizesse, a terra, o mar e o céu profundo, tudo, sem dúvida, eles haveriam de arrastar e levar consigo. Mas o pai onipotente[11], temendo tal cataclismo, os encerrou em escuras cavernas, colocou sobre elas a mole dos montes e deu-lhes um rei que, por força de leis naturais, soubesse encurtar ou soltar as rédeas dos ventos.

Então Juno, súplice, assim lhe fala: "Éolo, é certo que o pai dos deuses e o rei dos homens te deu o poder de acalmar ou açular o

---

9 *Ajax* tinha ultrajado Cassandra, filha de Príamo, num templo de Minerva.
10 *Eólia*. Arquipélago ao norte da Sicília. Segundo a mitologia, era ali que reinava Éolo, senhor dos ventos.
11 *Pai onipotente*. Júpiter.

mar e o sopro dos ventos. Gente inimiga está navegando o mar Tirreno[12], transportando para a Itália pessoas e penates[13] da destruída Ílio[14]. Solta e açula os ventos, põe a pique os navios deles ou dispersa-os, destroça tudo e espalha os corpos sobre o mar. Tenho catorze lindas ninfas, das quais a mais formosa, Deiopeia, eu prometo, se me atenderes, uni-la a ti em duradouro matrimônio, para que viva contigo longos anos e te faça pai de bela prole."

Em resposta, disse Éolo: "Teu cuidado, rainha, é sondar a possibilidade do que desejas. É meu dever executar ordens superiores. Devo-te tudo o que há neste meu reino e conseguiste que Júpiter me desse o cetro. Graças a ti, posso participar dos banquetes dos deuses. Fizeste-me senhor dos ventos e das tempestades."

Ditas essas palavras, Éolo golpeia violentamente com a lança o lado do monte onde estava a caverna. Aberta a porta, os ventos se precipitam em turbilhão e varrem as terras. Lançam-se sobre o mar, revolvendo-lhe as entranhas. O Euro[15], o Noto e o tempestuoso Áfrico, juntos, atiram ao litoral ondas imensas. Os homens gritam, as enxárcias rangem. Nuvens escuras tapam o céu e o dia aos olhos dos teucros[16]. Negra noite encobre o mar. Estrondam trovões, os relâmpagos fuzilam e os raios estalam num contínuo fragor. Tudo anuncia aos homens morte iminente. Eneias sente os membros entorpecidos de frio e geme. Elevando as mãos ao céu, exclama: "Mil vezes felizes os que morreram diante de seus pais, junto dos altos muros de Troia! Ó fortíssimo Tidides, descendente dos

---

12 *Mar Tirreno.* O mar que banha a costa ocidental da Itália.
13 *Penates.* Divindades domésticas; deuses de um país.
14 *Ílio.* A cidade de Troia, em grego, Ílion (ou Ílios); daí *Ilíada,* poema épico de Homero. *Deiopeia*: pronuncia-se Deiopéia.
15 *Euro.* Vento que sopra do leste europeu. *Noto* e *Áfrico* são ventos que sopram do sul.
16 *Teucros.* Os troianos das embarcações.

dânaos[17], antes tivesse eu acabado, morto por tua potente destra, nos campos de Troia, onde jaz o bravo Heitor[18], morto pela flecha de Aquiles; onde jaz o altivo Sarpedão[19]; onde as águas do Simoente[20] rolam tantos corpos de heróis com seus elmos e escudos!"

A tais queixas de Eneias responde o sibilante Aquilão[21], que desencadeia a procela, rasga as velas da nau e atira vagalhões ao céu. Quebram-se os remos, a proa se desvia do rumo, o barco aderna, expondo os flancos às ondas. As águas se empinam quais montanhas líquidas e íngremes. Há naus pendentes da crista das ondas; outras, joguetes dos vagalhões, são atiradas violentamente contra o litoral, fendendo a terra. O mar, enfurecido, revolve a areia, chicoteia a costa, invade as praias. Três naus Noto[22] arrebata e impele contra escolhos; três outras Euro joga sobre recifes (triste espetáculo!) e as despedaça e lança ao fundo do mar. A uma delas, em que vinham os lícios[23] e seu fiel capitão Orontes, ingentes vagas ferem a popa ante os olhos de Eneias: o piloto é sacudido e derrubado e bate com a cabeça no chão. Os vagalhões três vezes a fustigam e fazem rodopiar: num instante a nau afunda, tragada pelo vórtice. No vasto sorvedouro aparecem alguns nadadores, as armas, pedaços de tábuas e alfaias de Troia balançando sobre as

---

[17] *Dânao*. Grego. *Tidides*: herói grego que, no cerco de Troia, teria matado Eneias, não fosse a intervenção de Vênus.

[18] *Heitor*. O mais famoso chefe troiano, filho de Príamo, rei de Troia. Matou Pátroclo e foi morto por Aquiles, o mais célebre dos heróis gregos no cerco de Troia.

[19] *Sarpedão*. Rei da Lícia, morto por Pátroclo, herói grego.

[20] *Simoente*. Pequeno rio, na planície de Troia.

[21] *Aquilão*. Vento do norte europeu.

[22] *Noto*. Veja nota 15.

[23] *Lícios*. Habitantes da Lícia, região da Ásia Menor, defronte da ilha de Rodes. Aliados aos troianos.

ondas. A todas as naus venceu a tormenta: a sólida nau de Ilioneu, a do valoroso Acates, a de Abante, a do velho Aletes. Em todas elas, afrouxados os encaixes dos flancos, abriram-se fendas, por onde entrou a água danosa.

Passada a tempestade, Netuno[24], vivamente comovido, percebe grande agitação das águas profundas refluindo ruidosamente para a superfície. Erguendo a cabeça, circunvaga os olhos sobre a vastidão equórea e vê a frota de Eneias dispersa e os troianos opressos pelas ondas e a inclemência do céu. Prontamente deduz que tamanha desgraça é obra da raivosa Juno. Convoca Zéfiro e Euro e assim lhes fala: "Acaso tanta presunção se liga à vossa origem, ventos? Sem meu consentimento, ousais pôr em desordem o céu e a terra e provocar tantas desgraças? O que eu...[25] Mas urge aplacar as ondas. Não sereis punidos diante de mim. Fugi depressa e ide dizer a vosso rei que não pertencem a ele, mas, por sorteio[26], a mim, o império do mar e o terrível tridente. Ele é dono do imenso monte rochoso, onde tu, Euro, e teus companheiros tendes a morada. Que Éolo mostre o seu orgulho naquele palácio e reine sobre os ventos encarcerados."

Assim fala Netuno e prontamente aplaca o mar agitado, tange as nuvens e faz brilhar o sol. Tritão[27] e Cimótoe[28], juntos, arrancam as naus encalhadas nos abrolhos. Ele mesmo, Netuno, ajuda-os com seu tridente, destrói as sirtes[29], serena o mar e desliza em leve carro sobre a superfície das águas.

---

24 *Netuno.* Deus do mar.

25 Suspensão do pensamento, reticência.

26 Júpiter, Netuno e Plutão dividiram, por sorteio, o império do mundo: a Júpiter coube o império do céu e da terra, a Netuno, o império do mar, e a Plutão, o império dos infernos.

27 *Tritão.* Deus marinho, filho de Netuno e de Anfitrite.

28 *Cimótoe.* Uma das nereidas (ninfas), filhas de Nereu e Dóris.

29 *Sirtes.* Bancos de areia, recifes.

Tal como, no meio da multidão, deflagra, às vezes, um tumulto, em que gente de alma vil se enfurece, atira pedras e fachos e maneja armas letais, mas que silencia e escuta atenta, se um homem bom e corajoso levanta a voz e acalma os ânimos exaltados e os peitos enfurecidos, assim cessou o fragor do mar depois que Netuno estendeu os olhos sobre ele e, sob um céu límpido, soltou as rédeas aos cavalos e partiu em seu carro veloz.

Extenuados, Eneias e seus companheiros se esforçam para chegar à terra próxima e aproam ao litoral da Líbia[30]. Existe ali um golfo, um recôncavo tranquilo, no seio do qual uma ilha oferece bom ancoradouro: as ondas vindas do alto-mar ali se quebram e depois retrocedem mansas, formando rugas na superfície líquida. De ambos os lados do porto há grandes rochedos e dois altos picos, ao pé dos quais o grande mar está silencioso. Mais acima, belas árvores, cujas copas oscilam ao sopro da brisa, formam um caramanchão de verdura. A sombra do bosque é tão espessa que incute medo. Ao pé da muralha rochosa há uma caverna; dentro dela uma fonte de frescas águas e um banco de pedra: é a morada das ninfas.

Nesse ponto da baía dispensam-se âncoras e amarras para prender as embarcações, tão mansas são as águas. Ali é que Eneias aporta com as sete naus castigadas pela tempestade. Ansiosos por pisar em terra firme, os troianos apoderam-se da praia e estendem na areia seus corpos molhados da água do mar.

Antes de tudo, Acates, atritando uma pedra em outra, faz saltar centelhas, transmite o fogo a folhas secas e alimenta as chamas com gravetos e lenha. Embora cansados, os homens tiram dos navios o trigo estragado pelas ondas e os utensílios de moer grãos

---

30 *Líbia*. Região do norte da África, onde ficava Cartago; a África. Aqui, não se trata da atual Líbia, país do norte da África.

e cozinhar o pão. Em seguida, tostam o trigo e o reduzem a farinha. Enquanto isso, Eneias sobe a um rochedo e estende a vista sobre o vasto mar, a ver se descobre Anteu[31] impelido pelo vento, ou as birremes frígias[32], ou Cápis, ou as armas de Caíco nas altas popas das naus[33]. Eneias não avista navio nenhum. O que vê são três cervos errantes nas imediações, seguidos de um bando desses animais pastando em verdes vales. Sem se afastar do lugar, Eneias agarra o arco e as flechas, que o fiel Acates traz consigo, e mata, primeiro, os três cervos que vão à frente, as cabeças adornadas de esgalhados chifres[34]. O bando se espanta e busca abrigo sob arbustos da pastagem, mas o herói troiano não para de atirar antes de abater sete deles, ou seja, antes de igualar o número de cervos mortos ao das naus de sua frota.

Feito isso, Eneias desce ao porto e reparte a caça com seus sócios. Depois, divide o vinho que o bom Acestes[35] lhes dera quando partiram da Sicília. Por fim, reconforta os homens, tristes e abatidos, infunde neles ânimo com estas palavras:

"Companheiros, não nos falta experiência na desgraça, temos bem vivas na memória nossas passadas desventuras. As que hão de vir serão maiores, mas também a elas Deus porá fim. Vós, que conheceis a fúria e os escolhos ressoantes do mar da Sicília, vós, que experimentastes a dureza dos rochedos ciclópeos[36], reavivai a coragem, esquecei a tristeza e o temor. Talvez, um dia, relembra-

---

31 Anteu, Cápis e Caíco são companheiros de Eneias.

32 *Birremes frígias.* Embarcações troianas movidas por duas ordens de remos.

33 Na antiguidade, o navegante colocava suas armas na popa do navio.

34 No Brasil, tais cervos denominam-se *veados-galheiros.*

35 *Acestes.* Rei da Sicília, amigo de Eneias.

36 Ciclópeo. Ciclópico, relativo aos ciclopes, gigantes com um só olho na testa que habitavam a costa da Sicília, perto do Etna.

remos estes fatos com prazer. Através de mil perigos e infortúnios, prosseguiremos para o Lácio, onde o destino nos promete doce morada. Ali, por ordem divina, ressurgirá o reino de Troia. Sede fortes e pacientes e esperai acontecimentos propícios".

Assim discursou o herói, afetando, no aspecto, fé e otimismo, recalcando, porém, no peito, preocupações e grande sofrimento.

Agora, todos se acercam dos animais abatidos para preparar a refeição. Uns esfolam os cervos, retiram-lhes as vísceras e as costelas, retalham os lombos; outros reduzem as peças em pedaços; estes fincam os espetos nas carnes trementes; aqueles instalam caldeirões na praia e atiçam o fogo. Espalham-se na relva e fartam-se de vinho e de carne gordurosa. O alimento refaz as forças deles.

Satisfeita a fome e removidas as mesas, fazem longas indagações acerca dos companheiros desaparecidos na tempestade. Dúvida atroz os aflige. Entre a esperança e o temor, uns aos outros perguntam: "Será que ainda estão vivos, ou talvez agonizando, ou, quem sabe, já mortos?" O piedoso Eneias chora principalmente a sorte de Amico[37] e a do ardoroso Orontes e o destino cruel de Lico, de Gias e do forte Cloanto.

Neste ponto, Júpiter, que estava a contemplar o mar sulcado por brancas velas, as terras com seus litorais e os mais diversos povos, deteve-se no Olimpo e fixou os olhos no reino da Líbia[38]. Estava ele revolvendo no peito suas preocupações, quando Vênus[39], muito triste, os lindos olhos banhados de lágrimas, lhe diz:

"Ó rei dos homens e dos deuses, que governas os impérios eternos e espalhas o terror com teu raio, que mal te fez meu filho

[37] Amico e os quatro homens citados em seguida eram companheiros de Eneias.

[38] *Líbia.* Região setentrional da África. Às vezes, a própria África.

[39] *Vênus,* a deusa da beleza, lutava a favor dos troianos.

Eneias[40]? E os troianos, por que, após tantas mortes, o mundo inteiro lhes fecha a passagem para a Itália? Sem dúvida, do sangue de Teucro[41], com o passar dos anos, originar-se-ão os romanos, para que, por tua decisão, tenham soberano domínio sobre o mar e a terra. O que te fez mudar de ideia, deus criador? Confiada em tuas promessas, confesso que, após a queda e a triste destruição de Troia, me consolava saber que um fato adverso seria compensado por outro bom. Mas, o que vejo é que igual fado adverso está perseguindo Eneias e seus homens, obrigando-os a arrostar perigos de todo gênero. Quando vais pôr fim a tantos trabalhos, grande rei? Depois de fugir de Troia por entre os gregos, Antenor[42] conseguiu chegar ao golfo Ilírico, penetrar, são e salvo, no reino da Libúrnia[43] e atravessar o rio Timavo, o qual, brotando de nove nascentes, despenha-se da montanha com grande ruído, expande-se na planície feito um mar e alaga os campos.

Superando mil dificuldades, prosseguiu Vênus, Antenor fundou Patávio, deu moradia a concidadãos e introduziu na região nomes e utensílios de Troia. Agora ali repousa em doce paz, ao passo que nós, tua estirpe, a quem permites morar no céu, nós, as naus perdidas (oh coisa atroz!), somos vítimas da vingança de uma só[44], somos afastados do litoral da Itália. É esta a recompensa da virtude? É assim que nos restituis o reinado[45]?"

---

40 *Eneias*, príncipe troiano, era filho de Vênus e de Anquises.

41 *Teucro*. Primeiro rei de Troia, do qual os troianos derivaram o nome de *teucros*.

42 *Antenor*. Amigo de Príamo. Escapando do cerco de Troia, chegou ao mar Adriático, penetrou no norte da Itália e fundou Patávio, atual Pádua.

43 *Libúrnia*. Região situada na atual Croácia, banhada pelo mar Adriático.

44 *Uma só*. Juno, inimiga dos troianos.

45 Vênus se refere ao reinado de Troia, perdido com a vitória dos gregos.

Sorrindo, o criador dos homens e dos deuses, com gesto que as tempestades e o céu serena, dá um beijo na filha e assim lhe responde:

"Nada temas, deusa de Citera[46], o destino dos teus permanece inabalável. Haverás de ver a cidade de Lavínio e as prometidas muralhas, elevarás aos céus o sublime e magnânimo Eneias. O que eu prometo cumpro. Ele, Eneias, (Vou te repetir mais alto, visto que este cuidado te inquieta: revelarei os arcanos do futuro) terá de mover, na Itália, guerra ingente, subjugar povos ferozes, instituir leis e fundar cidades, até o dia em que, como rei do Lácio, tiver visto o terceiro estio[47] e o terceiro inverno dos rútulos subjugados. Mas o jovem Ascânio[48], hoje cognominado *Iúlo* (e *Ilo*, em Troia, quando reino florescente), passados trinta meses, assumirá o poder, transferirá a sede do governo, de Lavínio para Alba, cidade que ele fortificará com grande empenho. Depois de Eneias e seus descendentes terem reinado ali durante trezentos anos, Ília[49], rainha vestal, grávida de Marte, dará à luz dois gêmeos. Amamentado por uma loba de fulva pele, Rômulo sucederá ao último rei da estirpe de Eneias, construirá mavórcios[50] muros e denominará *romanos*, do seu nome *Rômulo*, os que ali nascerem. A eles eu não ponho limites nem no espaço nem no tempo: dei-lhes eterno império. Até a áspera Juno, que agora anda atormentando o mar, a terra e o céu, penetrada de sentimentos mais brandos, comigo favorecerá os

---

46 *Citera*. Ilha do mar Egeu, consagrada a Vênus.

47 *Estio*. Verão. Aqui, ano.

48 *Ascânio*. Filho de Eneias, fundador de Alba, cidade do Lácio; chamado, familiarmente, de *Iúlo*.

49 *Ília*. Reia Sílvia, rainha e sacerdotisa, mãe de Rômulo e Remo. *Reia*: pronuncia-se Réia.

50 *Mavórcio*. Relativo a Marte, deus da guerra. Mavórcios muros = muralhas para a defesa de Roma.

romanos, senhores da História, nação togada[51]. Isso me agrada e é a minha vontade. Passará o tempo, passarão os anos, e serão ainda os descendentes de Eneias que vão submeter ao seu domínio Argos, a famosa Micenas e a pátria de Aquiles[52]. Da nobre estirpe troiana nascerá César[53], cognominado *Júlio*, nome oriundo do grande Iúlo[54]. Seu império estender-se-á até o oceano. Sua fama chegará aos astros. Um dia o acolherás, tranquila, carregado de espólios do Oriente. Será até invocado com preces. Então, terminadas as guerras, a aspereza do século se abrandará. Vesta[55] e a antiga fé, sob a égide de Remo e Rômulo, administrarão a justiça. As portas da Guerra serão bem trancadas com barras de ferro. Dentro do templo de Jano[56], o ímpio Furor, sentado sobre as armas cruéis e amarrado, com as mãos nas costas, com cem nós de bronze, soltará hórridos berros da boca ensanguentada."

Ditas essas palavras, Júpiter envia do céu o filho de Maia[57] à recém-fundada Cartago para que a cidade acolha os teucros[58], e a rainha Dido, desconhecendo as desventuras de Eneias, não os afaste

---

51 *Togado.* Que veste toga, peça do vestuário dos antigos romanos, que se vestia de modo a deixar coberto apenas o braço esquerdo e que envolvia elegantemente o corpo, caindo em pregas.
52 *Pátria de Aquiles.* A Grécia. Aquiles, herói grego, encarniçado inimigo de Troia. Argos e Micenas eram cidades gregas.
53 *César.* Caio Júlio César Otaviano Augusto (63 a.C.-14 d.C.), famoso imperador romano, cujo reinado marcou a época mais brilhante da história romana. Protetor dos poetas, entre os quais, Virgílio. Foi honrado como um deus.
54 *Iúlo.* Veja nota 48.
55 *Vesta.* Deusa do lar, protetora dos romanos.
56 *Jano.* Antigo rei da Itália, divinizado após sua morte. Em Roma, o templo de Jano ficava aberto durante a guerra e fechado durante a paz. Foi-lhe consagrado o mês de janeiro (em latim *januarius* = janeiro).
57 *Filho de Maia.* Mercúrio, filho e mensageiro de Júpiter e de Maia.
58 *Teucros.* Troianos. Aqui, Eneias e seus companheiros. Ver nota 41.

de seu território. Abre as grandes asas o mensageiro, atravessa o espaço num voo veloz e logo desce no litoral da Líbia. Sem demora transmite as ordens de Júpiter. Cientes da vontade de Deus, os cartagineses domam a sua índole feroz e a rainha é a primeira a se deixar invadir por sentimentos de paz e cordialidade para com os teucros.

Eneias[59] passa a noite entregue a planos e cogitações. Quando irrompe a pura luz do dia, resolve afastar-se dali, a fim de explorar o novo lugar, verificar se o litoral oferece bons atracadouros, saber se os arredores (constata que são terras incultas) são domínio de homens ou de animais selvagens. Depois, poderá transmitir aos companheiros o que ele mesmo tiver observado. Feita a sondagem do local, abriga as naus numa enseada rodeada de bosques, cujas árvores projetam sombras atemorizantes. Acompanhado de Acates, afasta-se o herói, empunhando em cada mão grande lança de ferro, que ele brande enquanto avança. No seio da mata vem ao seu encontro, disfarçada, a mãe, virgem na fisionomia e no aspecto, armada como virgem espartana, ou qual amazona da Trácia, que acicata o cavalo para vencer, na fuga, o alado Euro. Pois, comodamente traz no ombro, à caçadora, o arco e deixa a cabeleira solta ao vento. Ostenta os joelhos nus e as pregas flutuantes do vestido atado com um cinto. Adianta-se e pergunta:

"Ó jovens, acaso vistes uma de minhas irmãs andando nesta mata? Tem o vestido arregaçado e apertado com cinto; traz a tiracolo a aljava[60] feita de couro de mosqueado lince. Talvez esteja perseguindo, aos gritos, algum espumante javali."

---

59 Aqui Virgílio retoma a narrativa, interrompida pela intervenção dos deuses. Lembramos que Eneias e seus companheiros se encontram no litoral da Líbia, perto de Cartago.

60 *Aljava*. Bolsa ou estojo de couro em que se colocavam as setas e que se trazia pendente do ombro.

Cala-se Vênus, e Eneias lhe responde:

"Não vi nem ouvi nenhuma de tuas irmãs, ó... como te chamarei, pois não tens nem o semblante nem a voz dos mortais? Ó virgem, certamente és deusa. Talvez irmã de Febo[61]? Talvez uma ninfa? Quem quer que sejas, sê feliz e suaviza os nossos trabalhos. Informa-nos sob que céu estamos e a que ponto do mundo fomos lançados. Desconhecendo gentes e lugares, vagueamos ao capricho do destino até aqui, impelidos por fortes ventos e ondas gigantescas. Muitas vítimas nossa destra haverá de imolar ante teus altares."

"Não me julgo digna de tal honra" — replica Vênus. E acrescenta: "Costumam as virgens cartaginesas portar aljava e calçar purpúreas botinas. Estás no reino púnico, e perto de Cartago, nos confins da Líbia, habitada por um povo indômito e guerreiro. Tem as rédeas do governo a rainha Dido, que fugiu de Tiro[62], com medo de seu irmão. É um longo caso de injustiça cheio de circunstâncias obscuras. Limitar-me-ei aos pontos mais importantes. Era esposo de Dido um fenício muito rico, dono de muitas terras. Chamava-se Siqueu e era muito amado por ela. O pai, baseado em bons pressagios, a entregou intacta a esse homem para o casamento. Quem governava Tiro era o irmão dela, Pigmalião, um criminoso que a todos excedia em crueldade. Entre ele e Siqueu brotou grande ódio. Obcecado pelo amor do ouro e sem respeito pelos amores da irmã, o ímpio Pigmalião mata, ocultamente, o incauto Siqueu diante do altar doméstico. Esconde o crime durante longo tempo e, com mil simulações, ilude a esperança da aflita amante. Porém, em sonhos, aparece a Dido, de modo assombroso, a imagem pálida do

61 *Febo.* Apolo, deus do Sol.

62 *Tiro.* Cidade da Fenícia, antiga região do atual Líbano. Tiro (hoje Sur) foi um célebre porto fenício, e Cartago, uma de suas principais colônias. Daí chamarem tírios aos cartagineses.

marido insepulto: ela vê o lugar do crime, o peito do marido traspassado pelo punhal do assassino. Dissipam-se as dúvidas sobre o misterioso crime e a viúva decide abandonar a pátria e fugir o mais depressa possível. Desenterra velhos tesouros[63], incalculável peso de ouro e prata, para as despesas da viagem. Agitada por tantos acontecimentos, apressa a fuga e os que devem acompanhá-la. Juntam-se a ela os que odiavam e temiam o tirano. Apoderam-se das naus casualmente ancoradas no porto de Tiro e as enchem de ouro. Assim, as riquezas do avarento Pigmalião lá se vão mar afora. A mulher é a chefe da empresa. Chegam ao lugar onde hoje se podem ver as grandes muralhas e a cidadela da nova Cartago. Compram um terreno que cercam com couro de boi (por isso o chamam de Birsa[64]). Mas vós quem sois? Donde viestes? A que lugar vos dirigis?" Depois de profundo suspiro, Eneias responde assim:

"Deusa, se eu começasse a narrar os acontecimentos desde a origem e se tivesses tempo de ouvir a história de nossos infortúnios, não acabaria antes de chegar a noite. Partindo da antiga Troia (se já ouviste esse nome), depois de vagar por diversos mares, uma tempestade nos impeliu casualmente ao litoral da Líbia. Sou Eneias, minha fama vai além dos astros; sou aquele que arrebatou de mãos inimigas os penates, que eu agora estou levando em meu navio. Busco a Itália, minha nova pátria, berço de minha família, que descende do grande Júpiter[65]. Fiado em bons vaticínios e

---

63 Tesouros que Siqueu havia enterrado por temer que Pigmalião os roubasse. Além disso, pela lei daquele tempo, o herdeiro dos bens de Siqueu era Pigmalião, e não Dido.

64 *Birsa.* Substantivo derivado do grego *byrsa,* couro de boi.

65 Segundo uma lenda, o fundador da raça troiana, Dárdano, filho de Júpiter e de Electra, tinha nascido na Itália.

tendo como guia a deusa[66] minha mãe, me fiz ao mar da Frígia[67] com vinte naus, das quais restam apenas sete, maltratadas pelo vento e os vagalhões. Repelido da Europa e da Ásia, desconhecido e pobre, eis-me a percorrer as solidões da África..." Vênus não suporta mais ouvir Eneias desfiando seus infortúnios e, muito condoída, o interrompe: "Embora seja lamentável a situação em que te encontras, respiras, estás vivo, não malquisto dos deuses e deverás chegar a Cartago. Ânimo, prossegue! Encaminha-te daqui ao palácio da rainha[68]. Os teus companheiros e a restante frota, impelidos pelo volúvel Aquilão[69], eu te auguro, estão em segurança, sem nenhum risco, se é que meus pais não me ensinaram que os augúrios são coisas vãs. Repara nos doze[70] patos selvagens em bando alegre. No céu límpido, cortando o espaço, persegue-os a ave de Júpiter[71]. Agora são vistos, em longa fila, escolhendo o lugar para pousar. Eles brincam batendo as estridentes asas e gritando. Assim também teus companheiros: uns deixam as naus atracadas na enseada; outros, de velas enfunadas, vão entrando pela foz do rio. Coragem! Prossegue pelo caminho que te indiquei."

Disse-lhe isso e afastou-se: o róseo colo refulgia, o cabelo exalava o divino odor da ambrosia, o longo vestido descia-lhe até os pés; o seu andar era de uma deusa.

Eneias, assim que reconhece a mãe que foge, brada-lhe: "Por que, mãe cruel, iludes tantas vezes teu filho com disfarces? Por que

---

66 Cabe lembrar que Eneias era filho de Vênus.

67 *Frígia*. Região da Ásia Menor, banhada pelo mar Egeu. Nela ficava Troia. Por isso, Virgílio usa muitas vezes *frígio* em vez de *troiano*.

68 *Rainha*. Dido, rainha de Cartago.

69 *Aquilão*. Vento que sopra do norte

70 Logo adiante se verá que foram doze, e não sete, os navios que se salvaram na tempestade. Daí, Vênus ter chamado a atenção de Eneias para os doze patos selvagens.

71 *A ave de Júpiter*. A águia.

não me permites unir destra com destra, ouvir tua verdadeira voz e falar contigo?" Desse modo censura sua mãe e, depois, toma o caminho de Cartago. Ela, porém, cerca os dois viandantes[72] de ar escuro e os envolve num véu de névoa, para que ninguém os possa ver nem tocar, nem deter-lhes o passo ou indagá-los sobre o motivo de sua viagem. Desaparecendo no ar, a deusa vai para Pafos[73], revê contente sua morada, onde o incenso da Arábia arde em cem altares do seu templo, perfumado por frescas coroas de flores.

Por sua vez, Eneias e Acates percorrem rápidos o caminho que Vênus lhes indicou. Já galgam a colina sobranceira a Cartago, do topo da qual se vê a cidadela. Eneias contempla pasmado a grandiosa urbe, outrora uma aglomeração de casebres. Admira as casas, as ruas pavimentadas e o estrépito da multidão em movimento. Trabalham sem descanso os ardorosos tírios[74]: uns levantam muros, carregam pedras, constroem a cidadela; outros escolhem o local para a construção de sua casa ou cavam buracos onde assentar os alicerces das edificações. Aqui se escavam portos; ali se lançam os alicerces de belos teatros e se talham enormes colunas de granito para decorar o cenário de futuros espetáculos. Parecem abelhas a trabalhar na primavera, em floridos campos, quando o sol esplende: sugam o néctar das flores, alimentam a prole, fabricam os alvéolos, condensam o doce fluido, enchem os favos de mel, recebem o néctar que as operárias trazem, e, em grupo, atacam e expulsam da colmeia os inativos zangões. Ferve o trabalho e recende a tomilho o doce mel.

"Felizes aqueles cujas habitações estão sendo erguidas em cidade fortificada!", exclama Eneias, contemplando o teto das

---

72 *Os dois viandantes.* Eneias e Acates.

73 *Pafos.* Antiga cidade de Chipre (no Mediterrâneo), onde Vênus (em grego, Afrodite) era muito venerada.

74 *Tírios.* Cartagineses.

casas. Desce da colina e, envolto em névoa (oh maravilha!), entra na cidade, mistura-se com as pessoas e ninguém o vê.

No centro de Cartago, havia um bosque de ameníssima sombra, onde os primeiros cartagineses, salvos das ondas e dos tufões, escavando o terreno para a construção da cidade, encontraram a cabeça de um fogoso cavalo. Foi por esse sinal que Juno mostrou que o povo cartaginês haveria de ser forte e belicoso, levando vida feliz no seio da abundância. Ali fundou Dido um grande templo dedicado a Juno, rico em ofertas dos homens e em dádivas da deusa. Dava acesso ao templo uma escada de brônzeos degraus; de bronze eram também a entrada, a porta, as colunas, o revestimento das traves e os portões, que rangiam nos gonzos[75].

Nesse bosque, Eneias encontra a primeira novidade que lhe suaviza os temores. É ali que o herói, pela primeira vez, ousa não perder a esperança em meio a suas aflições. Com efeito, enquanto espera a rainha e olha cada detalhe do interior do grande templo, admirando o progresso de Cartago, as belas obras de arte, o talento de seus autores e o esforço dos operários na construção do edifício, depara-se com um quadro representando cenas da guerra de Troia, conhecida em todo o mundo: ali apareciam Agamêmnon[76] e Príamo[77] e, cruel com ambos, o feroz Aquiles[78]. Detendo-se, com lágrimas nos olhos, pergunta ao companheiro: "Que lugar da Terra, Acates, não está cheio de nossas lutas e aflições? Eis Príamo!

---

75 Naquela época, o uso do bronze, na construção de edifícios, significava riqueza e magnificência.

76 *Agamêmnon.* Chefe supremo dos gregos no cerco de Troia.

77 *Príamo.* Rei de Troia, pai de Heitor (morto por Aquiles). Seu outro filho, Páris, raptou Helena, mulher de Menelau, causando a guerra de Troia.

78 *Aquiles.* O mais célebre dos heróis gregos. No cerco de Troia, foi atingido no calcanhar por uma seta de Páris. Seu desentendimento com Agamêmnon quase causou a derrota dos gregos.

Aqui também há feitos dignos de louvor; há compaixão pelas desgraças humanas. Os atos dos mortais tocam o coração e a mente dos que habitam esta cidade. Nada temas, Acates, a nossa fama anuncia a tua salvação e te dará algum consolo."

Assim fala Eneias e fica olhando aquele quadro, pintura irreal e vã. Não consegue frear a emoção e geme. Um rio de lágrimas banha-lhe o rosto. Não desprega os olhos dos painéis; compraz-se em ver os combatentes ao redor de Troia: aqui, eram os jovens troianos atacando os gregos e rechaçando-os; ali, o empenachado Aquiles, no seu carro, perseguindo os troianos. Perto destes reconhece, chorando, a branca tenda de Reso[79], barbaramente trucidado com seus companheiros pelo cruel Diomedes, enquanto dormiam. Além disso, Diomedes roubou os cavalos de Reso antes que pudessem pastar nos campos de Troia e beber da água do rio Xanto[80]. Em outro quadro, aparecia, sem escudo, fugindo, o infeliz jovem Troílo[81], que, embora inferior a Aquiles, o enfrentara: ele está ressupino[82] em seu carro puxado pelos cavalos, segurando as rédeas, cabeça e cabeleira raspando a terra, a lança traçando sulcos no pó do chão.

Entre os quadros, havia um em que apareciam as troianas, tristes e desgrenhadas, dirigindo-se ao templo da iníqua Minerva. Vestiam o peplo[83] e batiam no peito, suplicantes. A deusa hostil tinha o olhar fixo no chão. Três vezes Aquiles arrastara em torno dos muros de Troia, e o vendia a peso de ouro, o cadáver de

---

79 *Reso.* Rei da Trácia, morto por Ulisses e Diomedes.

80 Segundo a lenda, Troia venceria a guerra, se os cavalos de Reso comessem a relva dos campos de Troia e bebessem da água do rio Xanto.

81 *Troílo.* Filho de Príamo, morto por Aquiles.

82 *Ressupino.* Deitado de costas, com o peito e o ventre voltados para cima.

83 *Peplo.* Túnica sem mangas, presa ao ombro por fivela.

Heitor. Quando olha essa cena pintada no quadro e vê os despojos, o carro e o corpo exânime do amigo e Príamo estendendo-lhe as mãos inermes, Eneias arranca do mais profundo do peito um grande gemido. A si mesmo reconhece entre os chefes troianos, vê o negro Memnão[84] e os etíopes combatendo em torno dos muros de Troia e, comandando a tropa das amazonas, a belicosa Pentesileia[85] ardendo em fúria, com seu escudo chanfrado, um cinto dourado preso sob o seio desnudo, ela, virgem frágil, ousando pelejar com homens brutos.

Eneias contemplava extático esse quadro, quando a formosíssima rainha, com passo grave e solene, entrou no templo com um grande cortejo de jovens. Tal como Diana, a caçadora, nas margens do Eurotas[86] ou no cume do Cinto[87], dirigindo, exultante, a dança das ninfas, supera, em garbo, a todas no andar, tal era Dido entre as jovens, airosa e feliz, apressando as obras e a futura grandeza do seu reino. Então, no sagrado recinto, defendida por homens armados, sentou-se, majestosa, em esplêndido trono. Ela se pôs a julgar e decidir os pleitos, a traçar leis aos cidadãos, a dividir igualitariamente ou sortear os trabalhos públicos, quando, de repente, Eneias vê, no meio da multidão, Anteu e Sergesto, o destemido Cloanto e outros troianos que a tempestade dispersara e arremessara a longínquas e desconhecidas praias. Eneias e Acates ficam estupefatos, cheios de alegria e medo, ávidos de apertar-lhes as mãos; porém, perturba-os uma coisa estranha. Dissimulam sua presença, envoltos em névoa, observam atentamente o que se

---

84 *Memnão.* Herói etíope que tinha vindo com os seus homens para ajudar os troianos.

85 *Pentesileia.* Rainha das amazonas, morta por Aquiles no cerco de Troia.

86 *Eurotas.* Rio da Grécia. Passa em Esparta.

87 *Cinto.* Monte da ilha de Delos, no mar Egeu, no Mediterrâneo. Diana era venerada em Delos.

passa e se perguntam qual terá sido o destino de seus companheiros, em que litoral terão deixado a frota e com que finalidade esses bravos pilotos vinham ao templo, tendo que enfrentar a ruidosa multidão de cartagineses.

Introduzidos no templo e concedida a licença para falar à soberana, Ilioneu, o mais idoso, controlando a emoção, assim começa: "Rainha, a ti foi dado por Júpiter fundar nova cidade e, com todo o direito, reprimir soberbos povos. Nós, infelizes troianos, jogados pelos ventos a todos os mares, te rogamos: não deixes que horrível fogo incendeie nossos navios, poupa gente inocente e dá particular atenção à nossa causa. Nós não viemos aqui para devastar a cidade e saquear os líbicos[88] lares. Homens vencidos são incapazes de tais atos de violência e soberba. Existe um país, chamado Hespéria pelos gregos, terra antiga e fértil e poderosa em armas. Foi colônia dos companheiros de Enotro[89]. Hoje se chama Itália, nome proveniente, segundo se crê, de Ítalo, um dos chefes dos descendentes de Enotro. Chegar à terra italiana era nossa meta. Mas, o chuvoso Orion[90], elevando-se de repente com a tempestade, arremessou-nos contra ocultos escolhos, ao mesmo tempo que desenfreados ventos austrais dispersaram nossas naus, ficando umas à mercê do mar revolto, indo outras de encontro aos rochedos da costa. Poucos de nós chegaram às vossas praias. De que raça são esses homens[91]? Que país bárbaro permite tal procedi-

---

88 *Líbico.* Da Líbia, líbio, cartaginês.

89 *Enotro.* Rei da Arcádia, fundara uma colônia no sul da Itália.

90 *Orion.* Constelação cujo nascimento e ocaso coincidem com violentas tempestades.

91 Notar a mudança brusca de tom. Ilioneu se queixa veementemente dos cartagineses que queriam afastar os troianos da costa por considerá-los piratas.

mento? Recusam a nós, náufragos, asilo na praia. Hostilizam-nos e impedem que permaneçamos no litoral. Se esqueceis e desprezais as armas dos mortais e as leis humanas, tende certeza de que os deuses se lembram do que é justo e do que é injusto. Nosso rei era Eneias, homem reto e honrado. Ninguém o superava em piedade[92] e coragem. Era um denodado guerreiro. Se a sorte o salvou, se ainda respira, se não repousa nas sombras eternas, nada tememos. Não te arrependerás, rainha, de seres a primeira a se empenhar pela nossa causa. Temos na Sicília cidades, armas e o preclaro Acestes[93], de sangue troiano. Permite-nos puxar para a praia a nossa armada sacudida pelos ventos e cortar na floresta árvores para mastros e remos, a fim de que possamos, felizes, chegar à Itália e ao Lácio e ser recebidos pelo rei[94] e os companheiros. Mas, se não há mais salvação, se jazes nos abismos do mar da Líbia, ó boníssimo pai dos teucros[95], nem esperança alguma nos resta de rever Iúlo[96], então, ao menos, seja-nos dado partir daqui em direção à Sicília, onde temos a nossa morada e a proteção do rei Acestes." Assim falou Ilioneu. Todos o apoiaram freneticamente.

Dido baixa a cabeça e lhes responde sem se alongar: "Não tenhais medo, troianos, nem preocupações. A difícil situação de um país novo me obriga a ser rigorosa e a manter guardas para vigiar as fronteiras. Quem desconhece os descendentes de Eneias e a cidade de Troia, a coragem de seus heróis e os incêndios de tão encarniçada guerra? Nós, cartagineses, não somos tão ignorantes

---

92 *Piedade.* Sentimento religioso, de respeito aos deuses.

93 *Acestes.* Rei da Sicília e amigo de Eneias.

94 *Rei.* Eneias. Ilioneu supõe que Eneias, salvo da tempestade, tenha aportado na Itália com os companheiros. A frase final de Ilioneu é uma bela apóstrofe que trai a sua emoção.

95 *Pai dos teucros.* Pai dos troianos, Eneias.

96 *Iúlo.* Apelido de Ascânio, filho de Eneias. Veja nota 48.

assim, nem o Sol[97] atrela seus cavalos tão afastados desta urbe. Quer opteis pela grande Itália com seus campos, quer pela Sicília, onde reina Acestes, podeis contar com meu apoio e com meu auxílio. Quereis ficar comigo neste reino? Esta cidade que estou construindo é vossa. Puxai as naus para a praia[98]. Não farei distinção entre cartagineses e troianos. E praza aos deuses que o rei Eneias, impelido pelo vento à Líbia, esteja vivo! Mandarei homens de confiança percorrer o litoral e as fronteiras, a ver se o encontram extraviado na selva ou nas cidades."

Animados por essas palavras, que ouviram atentos, Eneias e Acates, há muito ansiosos por dissipar a névoa, ficam mais impacientes ainda. Acates interpela o herói:

"Filho de Vênus, qual é o teu intento agora? Tudo está em segurança, e salvos a frota e nossos companheiros, exceto um, que vimos submergir no mar enfurecido. Em suma, tudo confirma o que tua mãe te disse." Mal acabou de falar, rompe-se e dissipa-se no ar a nuvem que envolvia os dois. Eneias, sem sair do lugar, resplende na clara luz do dia como um deus, pois Vênus, sua mãe, lhe banha com o fulgor da juventude a bela cabeleira, os olhos e o rosto: tal qual as mãos do artífice que dão beleza ao marfim ou embutem o fulvo ouro na prata e no mármore de Paros[99].

Então, o herói, de repente, toma a palavra e diz à rainha e a todos os presentes:

---

[97] *Sol.* Apolo, deus do Sol. Representa-se coroado de raios luminosos, percorrendo o céu montado num carro puxado por quatro cavalos brancos. Repetindo a ideia anterior, Dido quis dizer que não era rainha de um povo imerso nas trevas da ignorância. O sol da civilização também brilhava sobre Cartago.

[98] Os antigos navegadores puxavam as naus para a praia, a fim de as consertar.

[99] *Paros.* Ilha do Mediterrâneo, famosa por seus mármores.

"Eis-me aqui em pessoa, aquele que procurais, Eneias de Troia, salvo das ondas líbias. Ó rainha, a única que se apiedou de nossos indizíveis sofrimentos! Ó tu, que nos acolhes em teu país, em tua cidade, a nós, sobreviventes do cerco grego, batidos por mil desgraças em terra e mar, privados de tudo, não está a nosso alcance, Dido, retribuir-te dignamente tão nobre gesto, nem o poderiam os troianos todos, dispersos pelo mundo[100]. Se há numes que olham para os bons, se há justiça e consciências retas, que os deuses te paguem o justo prêmio. Feliz o século, felizes os pais que te trouxeram à luz do mundo! Enquanto os rios correrem para o mar, enquanto as sombras dos montes perlustrarem as encostas e os vales, enquanto o éter alimentar os astros[101], aonde quer que eu vá, hei de proclamar tua bondade e louvar teu nome e tua fama."

Ditas essas palavras de agradecimento, Eneias estende a destra ao amigo Ilioneu e a sinistra a Sergesto. Depois cumprimenta o forte Gias, o bravo Cloanto e os demais companheiros.

A presença de Eneias deixa Dido estupefata. Comovida, lhe diz: "Que fado te impele a tão grandes perigos, filho de Vênus? Que força te induz a aportar em bravias costas[102]? Tu não és Eneias, filho de Vênus e Anquises, gerado nas águas do Simoente? Bem me lembro de que Teucro[103], expulso de seu país, veio a Tiro pedir auxílio a Belo para fundar novo reino. Belo, meu pai, naquele tempo havia invadido a rica ilha de Chipre e, vitorioso, a governava. Conheço a história de Troia desde aquele tempo. Conheço

---

100 Trata-se dos troianos que fugiram de Troia ou que foram levados como escravos pelos gregos.

101 Os antigos pensavam que os astros eram alimentados pelo éter (fluido imaginário que permearia os altos espaços do universo). *Nume*: divindade, deus, na mitologia.

102 De fato, naquela região do litoral líbio viviam tribos selvagens.

103 *Teucro*. Veja a nota 41.

também teu nome e os reis pelasgos[104]. O próprio Teucro, embora fosse inimigo dos teucros, muito os elogiava e pretendia ser oriundo da antiga estirpe troiana. Eia, moços, vinde para a minha casa. Também eu, por obra do destino, depois de maltratada por semelhantes desgraças, vim parar nesta terra. Conhecendo o mal por experiência própria, aprendi a socorrer os infelizes."

Dizendo isso, conduz Eneias ao régio palácio e determina que se prestem, nos templos, honras e graças aos deuses. Ordena que se enviem aos companheiros de Eneias, no litoral, vinte touros, cem grandes e cerdosos porcos e cem gordos cordeiros com suas mães, presentes que muito haverão de alegrar os troianos. No interior do palácio, prepara-se o banquete e tudo se faz para que brilhe a glória real: estendem-se primorosos tapetes de púrpura, feitos com apurada arte; coloca-se baixela de prata nas mesas; ostentam-se obras de arte dos antepassados feitas de ouro e grande acervo de objetos trazidos por ilustres varões desde a origem da família.

Eneias, saudoso de seu amado filho Ascânio, envia-lhe o diligente Acates, com a missão de pô-lo a par dos acontecimentos e trazê-lo a Cartago. Ordena a Acates que traga também objetos de estimação salvos das ruínas de Troia: um manto recamado de ouro, um vestido guarnecido de púrpura, um véu dourado, ornatos de Helena[105], ricos presentes de Leda, que esta havia trazido de Micenas a Pérgamo[106] para o proibido casamento. Além disso, o cetro de Ilione, filha de Príamo, um colar de pérolas e áurea coroa engastada de pedras preciosas. Acates parte, apressadamente, em direção às naus.

---

104 *Pelasgos.* Os mais antigos habitantes da Grécia. Aqui: os reis ou chefes gregos.

105 *Helena.* Filha de Leda e esposa do herói grego Menelau, famosa por sua beleza. Foi raptada por Páris, filho de Príamo, fato que originou a guerra de Troia.

106 *Pérgamo.* Cidade da ilha de Creta. *Micenas*: cidade grega.

Enquanto isso, Vênus urde novos artifícios, novos planos: pedir a Cupido que se transforme no meigo Ascânio e, com seus encantos, procure inflamar a rainha Dido e infundir-lhe no coração um amor irrefreável. É que Vênus teme ser enganosa a hospitalidade da rainha e pérfidos os cartagineses. Além disso, a raivosa Juno a irrita e lhe perturba o sono. Pede, pois, a Cupido: "Ó filho, minha força, meu grande aliado, tuas setas são mais potentes que os dardos de Júpiter. A ti recorro e teu poder imploro. Como sabes, teu irmão Eneias, por causa da iníqua Juno, está sendo atirado pelo mar a inúmeras e distantes praias. Sempre compartilhaste nossos sofrimentos. Agora o detém a fenícia Dido e o cativa com doces palavras, mas temo que sua hospitalidade não passe de um embuste de Juno, que não desperdiçará tão boa ocasião para destruir Eneias e seus planos[107]. Por isso, devo prevenir-me contra os ardis de Juno, evitar que ela influencie Dido. Quero que a rainha ame tanto Eneias como eu o amo. Escuta bem como podes fazer isso. Ascânio, meu desvelo, a pedido do pai, propõe-se a levar para Cartago os ricos presentes salvos do incêndio de Troia e das ondas do mar. Eu o esconderei, adormecido, no meu templo de Citera[108] ou no de Idálio, para que ele não possa conhecer os meus ardis. Disfarça-te nele uma noite, não mais de uma; assume as feições de menino, a fim de que, quando Dido, felicíssima, entre os reais banquetes e o vinho de Baco, te receber em seu regaço, com muitos abraços e beijos, tu lhe inspires louca paixão e lhe inocules o sutil veneno do amor."

---

[107] Como Virgílio diz no início, Juno queria que Cartago, onde era venerada, se tornasse a capital do mundo. Havia, pois, motivo para Vênus desconfiar da hospitalidade da rainha Dido.

[108] *Citera.* Ilha situada no sul da Grécia; *Idálio*: monte da ilha de Chipre. Vênus tinha templos nesses dois lugares.

Cupido atende ao pedido de sua mãe, livra-se das asas e, exultante, assume o aspecto e o porte de Iúlo[109]. Vênus espalha pelos membros de Ascânio um plácido sono, toma-o no colo e o leva aos altos bosques do Idálio, onde, em fresca sombra, o envolve o aroma das flores da manjerona.

Obediente, Cupido leva os régios presentes[110] a Cartago, conduzido alegremente por Acates. Quando chega, encontra a rainha já deitada em suntuoso leito[111], rodeada de ilustres cortesãos. Já estão ali Eneias e os jovens troianos, reclinados em purpúreos leitos. Criados trazem água para lavar as mãos; outros, toalhas; outros oferecem pães, que tiram dos cestos. No interior, cinquenta moças preparam as iguarias e veneram os penates, queimando incenso diante deles. Cem outros jovens e cem moças levam às mesas alimentos, bebidas, copos e baixela. Nas festivas salas se juntam numerosos tírios[112] e são convidados a reclinar-se em coloridos leitos.

Todos olham com admiração os presentes de Eneias, o manto recamado de ouro, o véu dourado de Helena; admiram o belo rosto do falso Ascânio e suas dissimuladas palavras. Destinada a um amor de perdição, a infeliz Dido não consegue satisfazer sua paixão, inflama-se cada vez mais olhando o menino, admirando-lhe os atrativos e o singular encanto. Ele, depois de saciar Eneias de amor, com beijos e abraços, vai ter com a rainha. Dido acolhe-o enlevada e, fascinados olhos e coração, aconchega-o no regaço. Não sabe a mísera que é o deus do amor que ela aperta ao colo! Lembrando-se das lições de amor de sua mãe na fonte de

---

109 *Iúlo.* Apelido de Ascânio.

110 Presentes que Eneias oferecerá a Dido.

111 Nos banquetes o anfitrião e os convivas comiam reclinados em leitos próprios para as refeições.

112 *Tírios.* Veja nota 62.

Acidália[113], Cupido começa por apagar na mente de Dido a lembrança de Siqueu[114] e, depois, tenta inocular intenso amor naquele coração de há muito desabituado de amar.

Finda a primeira refeição e retirados os pratos, enfeitam grandes vasos cheios de vinho. O barulho é grande. Reboam as vozes pelos amplos átrios, de cujos tetos pendem lâmpadas sustentadas por correntes de ouro. As tochas acesas vencem a noite. Então, Dido pede e enche de vinho a grande taça de ouro, cravejada de gemas, que Belo[115] e seus descendentes usavam nos banquetes. Faz-se grande silêncio. A rainha toma a palavra e diz:

"Júpiter, tu que fixaste os direitos e os deveres dos hóspedes, seja do teu agrado que este dia tão feliz para os cartagineses e os troianos fique gravado para sempre na memória de nossos descendentes. Que a boa Juno e Baco, inspirador de alegria, nos sejam favoráveis! E vós, ó tírios[116], aplaudi este convívio." Ditas estas palavras, toma a taça de ouro, entorna um pouco de vinho na mesa, em honra dos deuses, e prova-o com a borda dos lábios; em seguida, o dá a Bícias[117], excitando-o: ele prontamente esvazia a taça. Todos os nobres o imitam.

O cabeludo Iopas toca a sua cítara dourada, cantando a força de Atlas[118], a Lua volúvel, o trabalho do Sol, a origem dos homens e dos animais, da água e do fogo, o tempestuoso Arcturo[119], as

---

113 *Acidália.* Nascente de águas límpidas, na Grécia, nas quais se banhavam as Graças, filhas e companheiras de Vênus.
114 *Siqueu.* Marido de Dido, assassinado por Pigmalião, como já vimos.
115 *Belo.* Pai de Dido.
116 *Tírios.* Cartagineses. Veja nota 74.
117 *Bícias.* Provavelmente, um nobre da corte de Dido.
118 *Atlas.* Aliou-se aos titãs na guerra contra Júpiter. Vencido, foi transformado em montanha e condenado a carregar nos ombros a abóbada celeste.
119 *Arcturo.* A estrela mais brilhante da constelação do Boieiro. Acreditava-se que seu aparecimento no horizonte era sinal de tempestades.

Híades[120] e as duas Ursas, anunciadoras de chuvas. "Por que, no inverno, o Sol tanto se apressa em tingir as águas do oceano, e a noite tanto se demora sobre a Terra?" — canta o citarista. Tírios e troianos o aplaudem demoradamente.

Entretida nas variadas conversas que se estiram noite adentro, a infeliz Dido vai alimentando um grande amor, faz muitas perguntas sobre Príamo e Heitor, que armas tinha Mémnon, filho da Aurora, quais os cavalos de Diomedes e quantos tinha Aquiles.

"Eia, hóspede, diz ela, dirigindo-se a Eneias, conta-nos, desde o começo, as ciladas dos gregos, a queda de Troia, as tuas viagens e aventuras, pois já faz sete anos que andas vagando por terra e mar."

---

120 *Híades.* As sete estrelas de Touro, anunciadoras de chuvas.

CANTO II

Todos se calaram e voltaram-se, atentos, para Eneias, que do seu alto leito assim deu início à sua narração: "Mandas-me, rainha, reavivar um sofrimento atroz. Ao ouvir relatar a destruição de Troia e do seu reino pelos gregos — dolorosos fatos que eu próprio vi e dos quais participei — qual o soldado dos mirmidões[1] ou do cruel Ulisses que não haveria de chorar? A noite fria já se precipita do céu e os astros declinam para o ocaso, convidando ao sono. Mas, se tanto desejas conhecer os nossos infortúnios e ouvir um breve relato da suprema desgraça de Troia, não me negarei a fazê-lo, se bem que me cause horror relembrar tais fatos e que até hoje eu tenha fugido a esse sofrimento.

Quebrantados pela longa guerra e batidos pelo insucesso, os chefes gregos, por astuciosa sugestão de Minerva, constroem um enorme cavalo de pau, revestindo-o com tábuas de abeto bem unidas. Feito o ardil, espalham o boato de que é uma dádiva, uma oferenda à deusa, por um feliz retorno. Por uma abertura oculta encerram, sigilosamente, no cavalo homens escolhidos e enchem de soldados armados as enormes cavernas do bojo.

---

[1] *Mirmidões*. Povo da Tessália submetido à autoridade de Aquiles.

Existe, defronte de Troia, Tênedos, ilha famosa, muito rica e próspera durante o reinado de Príamo. Hoje é uma simples baía, um ancoradouro de naus não muito seguro. No litoral deserto desta ilha é que os gregos se escondem. Nós piamente acreditamos que eles partiram, velejando em direção à Grécia. Então, Troia inteira se liberta de seu longo luto: abrem-se as portas, é uma alegria sair, ir ver o local do acampamento grego deserto e o litoral solitário. Aqui, as tropas dos dolopes[2]; ali, a tenda do cruel Aquiles; mais adiante, a praia reservada às naus e o local onde se postavam os combatentes. Admirado da grandeza do cavalo, o povo, estupefato, contempla o presente fatal da casta Minerva. Ou fosse traição, ou porque esse era o destino de Troia, Timetes[3] aconselha levar o cavalo para dentro dos muros e colocá-lo na cidadela. Cápis[4], porém, e os que têm melhor opinião mandam precipitar no mar o suspeito presente dos gregos, ou queimá-lo, ou então, furar-lhe o bojo e sondar-lhe as entranhas. Dividem-se as opiniões do povo, perplexo.

Neste momento, o ardoroso Laocoonte[5], seguido de grande multidão, desce correndo a cidadela e grita de longe: "Ó infelizes cidadãos, que loucura é a vossa? Credes que os inimigos se retiraram? Ou pensais que presente de grego não é ardiloso? É assim que conheceis Ulisses? Ou dentro desse cavalo de pau se escondem gregos, ou essa máquina foi feita para derrubar nossos muros, espiar nossas casas e atacar a cidade; ou algum embuste ali se esconde. Desconfiai desse cavalo, troianos. Seja lá o que ele for, eu temo os gregos, mesmo quando oferecem presentes."

---

2 *Dolopes.* Povo aliado de Aquiles.

3 *Timetes.* Um troiano que queria vingar a morte de sua mulher e de seu filho ordenada por Príamo.

4 *Cápis.* Companheiro de Eneias.

5 *Laocoonte.* Sacerdote de Apolo.

Dizendo isso, atira com toda a força a lança no flanco do cavalo. O ferro se crava e fica vibrando: com a percussão, ressoam e gemem as cavernas do monstro. Se o destino nos favorecesse, se não tivéssemos sido insensatos, teríamos destruído a ferro o esconderijo grego. E Troia hoje estaria em pé e tu, cidadela de Príamo, continuarias incólume!

Eis que, nesse instante, uns pastores troianos trazem, com grande gritaria, perante o rei, um jovem com as mãos amarradas às costas.

Astucioso e traiçoeiro, entregara-se de propósito a eles com a firme intenção de abrir as portas de Troia aos gregos. Estava disposto a tudo, conseguir enganar os troianos ou morrer nas mãos deles. Seu nome era Sínon. De toda a parte vêm correndo rapazes troianos, curiosos de ver o prisioneiro. Cercam-no e rivalizam nos insultos. Peço aqui tua atenção, rainha, para as ciladas dos gregos e, pela traição de um, conhecerás todos eles. Inerme e amedrontado, circunvaga o olhar pela multidão que o cerca e diz: "Infeliz de mim! Que terra, que mar podem agora me acolher? O que me resta, enfim? A pátria me rejeita e, pior que tudo, os troianos pedem meu sangue!"

Seus lamentos nos comovem e aplacam a nossa raiva. Pedimos-lhe que nos diga qual é a sua origem, que finalidade o trouxe ali e que fé merece como prisioneiro. Ele perde o medo e responde:

"Eu te direi, ó rei, toda a verdade, aconteça o que acontecer. Primeiramente, não hesito em confessar que sou grego. Se a Fortuna me fez desgraçado, não será tão cruel a ponto de me fazer mentiroso. Talvez já tenhas ouvido falar do famoso Belides Palamedes, que, embora inocente, acusado de traição, por se opor à guerra, os gregos mataram e hoje o choram. Pois bem, foi com ele, meu parente e companheiro, que meu pai, homem pobre, me mandou seguir a carreira das armas, quando eu era ainda criança.

Enquanto ele vivia incólume no reino e se destacava nas assembleias dos reis, nós também gozávamos de alguma fama. Depois que a inveja do pérfido Ulisses, como se sabe, o matou, fui arrastando tristemente a vida, mergulhado em treva e luto, indignado com a morte injusta do amigo. Imprudente, não fiquei calado. Jurei vingá-lo, se a sorte me ajudasse e se um dia voltasse, vencedor, à minha pátria. Movido pelo ódio, ataquei o assassino com palavras duras. Daqui o começo de minhas desgraças. Eis por que Ulisses não se cansava de me aterrorizar, acusando-me de crimes que não cometera, espalhando entre o povo falsas notícias, dizendo que eu era incitador de guerras. Não descansou até que o sacerdote Calcante[6]... Mas, por que estou eu a recordar, em vão, esses fatos desagradáveis? Para que me alongar, se tendes na mesma conta todos os gregos? Basta o que ouvistes. Puni-me sem demora: o Ítaco[7] o deseja; os dois Átridas[8] lhe pagarão muito bem."

Esquecidos da astúcia e das maldades dos gregos, insistimos em lhe fazer perguntas. Tremendo de medo e dissimulando suas más intenções, prossegue o falacioso e pérfido prisioneiro: "Cansados da longa guerra, os gregos, mais de uma vez, quiseram levantar o cerco de Troia e bater em retirada. Prouvesse aos deuses que tivessem ido embora! Quando, porém, se dispunham a partir, impedia-os o mar tempestuoso do inverno ou temiam o violento Austro. A situação piorou quando, pronto esse cavalo de pau, estourou a tempestade, e os trovões retumbaram no céu. Perplexos, enviamos Eurípilo ao templo de Febo[9] para consultar o oráculo. O

---

[6] *Calcante* (ou *Calcas*). Adivinho grego, na guerra de Troia.

[7] *O Ítaco*. Ulisses, herói grego, assim chamado por viver na ilha de Ítaca, no mar Jônio.

[8] *Os dois Átridas*. Os chefes gregos Agamêmnon e Menelau, filhos de Atreu. *Lhe pagarão*: pagarão a Ulisses.

[9] *Febo*. O deus Apolo dos romanos. *Eurípilo* era um dos chefes gregos.

enviado traz do santuário estas tristes palavras: — Com o sangue de uma virgem[10], ó dânaos[11], aplacastes os ventos quando viestes ao litoral troiano; sangue requer a volta, e sangue de um grego.

Divulgada a notícia, o estupor domina a todos, um frio gelado traspassa os ossos, cada um temendo a escolha fatal, ser a vítima que Febo reclama. Então, com grande tumulto, Ulisses traz ao campo o adivinho Calcante e pede-lhe que aclare a vontade dos deuses. Muitos já me indigitavam como vítima do criminoso Ulisses, e, sem falar, previam o meu futuro. Dez dias fica em silêncio o adivinho, oculto, recusando-se a revelar o nome de quem quer que seja ou expor alguém à morte. Enfim, coagido pelos gritos do Ítaco[12] e a ele submisso, rompe o silêncio e me destina ao sacrifício. Todos aprovam a decisão, e cada qual admite para mim a sorte que temia para si.

Chega o dia horrendo. Começa o ritual, cingem-me a venda, preparam a farinha salgada[13]. Rompo as cordas, confesso, e escapo da morte. Passo a noite escondido entre os juncos de um pântano, esperando que os gregos naveguem de volta à pátria, se é que navegaram. Nenhuma esperança tenho de ver minha pátria nem meus queridos filhos nem meu amado pai, os quais, talvez, vão ser alvo de vingança e punidos com a morte por ter eu fugido dela. Eis por que, ó rei, pelos deuses, que conhecem a verdade, te suplico, se entre humanos ainda existe imaculada fé: tem piedade de um homem sofredor, compadece-te de uma pessoa inocente e perseguida."

---

10 *Virgem.* Ifigênia, filha do comandante grego Agamêmnon, que a sacrificou à deusa Ártemis, a fim de conseguir vento favorável à frota grega, ao partir para Troia.

11 *Dânaos.* Gregos.

12 *Ítaco.* Ulisses. Veja nota 7.

13 *Farinha salgada.* Farinha de trigo misturada com sal, que se derramava sobre a vítima, nos sacrifícios.

Suas lágrimas e lamúrias nos comovem e nós lhe concedemos a vida. O próprio rei manda tirar-lhe as algemas e as amarras e lhe diz amavelmente:

"Quem quer que sejas, serás nosso. A partir deste momento, esquece os gregos. Fala-me a verdade: quem construiu essa ingente mole? Quem a inventou e com que fim? É objeto religioso ou máquina de guerra?"

Instruído na arte grega de enganar, o embusteiro ergue as mãos ao céu e diz: "Eternos astros, invioláveis numes, aras e cutelos nefandos a que fugi, faixas que me cingistes a cabeça de vítima dos deuses, eu vos tomo como testemunhas: é justo quebrar os laços sagrados que me ligam aos gregos, odiar os que me prejudicaram, revelar seus planos, se algum escondem. Nenhuma lei me liga à pátria. Salva por mim, Troia, salva-me tu agora, cumpre o que prometeste, que eu te direi a verdade e te retribuirei largamente."

E Sínon prossegue com novas invencionices: "A confiança dos gregos no bom êxito da guerra sempre se baseou no auxílio de Palas[14]. Todavia, depois que o ímpio Diomedes[15] e o criminoso Ulisses roubaram do templo o fatal Paládio[16], matando os guardas e, com mãos cruentas, profanando a sagrada efígie e as fitas virginais da deusa, desde então começou a decair e a desvanecer-se a esperança dos gregos, ao mesmo tempo que suas forças se afrouxavam. Era evidente que Palas estava revoltada, como evidenciaram estes prodígios: logo que a efígie foi colocada no nosso acampamento, cintilaram chamas nos seus olhos, um suor salgado escorreu-lhe pelo corpo e ela três vezes elevou-se do chão, fazendo tremular o escudo e a lança.

---

[14] *Palas.* Minerva.

[15] *Diomedes.* Um dos heróis gregos, no cerco de Troia.

[16] *Paládio.* Estatueta de Palas, no seu templo, em Troia. O destino de Troia dependia da conservação do Paládio.

O adivinho Calcante vaticina que se deve enfrentar imediatamente o mar, pois os gregos em vão tentarão destruir Troia, se antes não regressarem à pátria, a fim de consultar de novo os deuses e reaver a proteção divina, perdida com o roubo do Paládio. E se agora eles regressaram a Micenas[17], foi para conseguir armas e o auxílio dos deuses. Mas em breve retornarão e, inesperados, estarão convosco. Assim interpretou Calcante os presságios. E acrescentou que construíram o cavalo com o fim de substituir a efígie roubada, reparar o crime de impiedade e, assim, aplacar a deusa ofendida. Calcante mandou que esse gigantesco cavalo fosse o mais alto possível para que não pudesse entrar na cidade nem, segundo antigos ritos, abrigar o vosso povo, pois, se mão troiana atentasse contra o presente de Minerva, um grande flagelo arrasaria o império de Príamo (que os deuses antes façam cair essa desgraça sobre o adivinho!). "Mas, se vós mesmos, disse Calcante, o meterdes dentro da cidade, a Ásia em peso, fortemente armada, atacará Argos[18] e Micenas, e a guerra haverá de atingir até nossos netos."

Com astúcia, lábia e lágrimas, o pérfido Sínon conseguiu enganar e vencer os troianos, façanha que nem Aquiles, nem outro herói grego, nem mil navios conseguiram realizar em dez anos.

Nisto, outro acontecimento inesperado e terrível vem nos agitar os corações. Laocoonte, eleito sacerdote de Netuno, estava sacrificando, solenemente, no altar, um grande touro, quando duas enormes serpentes (sinto horror ao dizê-lo), vindas de Tenedo, avançam juntas, ondeando sobre o mar tranquilo, em direção à praia. A cabeça delas, encimada de monstruosa crista vermelha,

---

[17] *Micenas.* Cidade da Argólida, no Peloponeso. Aqui, deve ser entendida como Grécia.

[18] *Argos.* Cidade do Peloponeso. Argos e Micenas = Grécia.

eleva-se acima das ondas; o imenso dorso e a cauda deslizam na água, coleando. Deslocam-se com leve rumor no salso e espumoso líquido. Eis que já atingiram a praia e agora deslizam coleantes na planície troiana. Tintos de sangue e fogo, seus olhos coruscam, as línguas vibram e lambem as bocas sibilantes. Ao vê-las, fugimos e dispersamo-nos, pálidos de medo. Elas vão rápidas em direção a Laocoonte. Primeiro, atacam os dois filhos pequenos do sacerdote. Cada serpente enrosca-se numa criança, esmaga-lhe o corpo, morde-o devora-o. Depois, atiram-se contra o pai, que acorreu armado, e o envolvem com suas enormes roscas escamosas, apertando-o da cintura ao pescoço, de tal modo que, em segundos, as cabeças dos monstros apontam acima da cabeça de Laocoonte. Sujam-lhe de baba e veneno o cinto que lhe prende as vestes. Ele, então, num esforço supremo, tenta desvencilhar-se dos anéis constritores e despedaçá-los com as mãos, ao mesmo tempo que atroa os ares com gritos horríveis, tais quais os mugidos do touro ferido que escapa da ara[19], sacudindo da cerviz a machadinha. Os dois dragões fogem, serpeando em direção ao templo de Minerva, no alto da cidadela, e se abrigam sob os pés e o redondo escudo da terrível deusa.

Esse incidente redobra o pavor em nossos corações e é interpretado como advertência. Todos incriminam Laocoonte, que ultrajou o sacro cavalo, fincando-lhe a lança no costado, e a altas vozes pedem que o simulacro seja conduzido ao templo de Minerva e se dirijam preces à deusa.

Abrimos uma brecha nos muros e escancaramos os portões da cidade. Todos se dispõem para a obra. Colocam-se rodas por baixo, amarram-se cordas no pescoço do cavalo. Cheia de homens armados, transpõe os muros a máquina fatal. Cantando hinos

---

19 *Ara.* Altar; mesa onde se imolavam animais aos deuses.

sacros, rodeiam-na meninos e jovens virgens, contentes de tocar nas cordas. Ela avança, vai penetrando, ameaçadora, no coração da cidade. Ó pátria! Ó Ílio[20], morada dos deuses[21]! Ó ínclitos muros troianos, que a guerra celebrizou! À entrada, quatro vezes para a máquina, e no seu bojo quatro vezes estruge rumor de armas. Apesar disso, insensatos e cegos, teimamos em conduzir o monstro e o introduzimos na cidadela sagrada. Então, Cassandra[22], condenada por Apolo a nunca mais ser acreditada pelos teucros[23], abre a boca e prediz o nosso trágico futuro. E nós, infelizes, enfeitamos com festivas grinaldas os templos da cidade naquele dia que seria o último de Troia.

As horas se sucedem, cai a noite no oceano, envolvendo em escuro véu a terra, o céu e a armadilha dos gregos. Dispersos em seus lares, os troianos silenciam. Um sono profundo apodera-se de seus corpos cansados. A frota grega, pronta para o combate, dado o sinal pela nau capitânea, já partia de Tenedo, na calada da noite conivente, demandando a conhecida praia. Protegido por iníquos deuses, Sínon abre, sorrateiramente, as portas aos dânaos ocultos no bojo do cavalo. Eles descem escorregando por uma corda. Respirando, contentes, o ar da noite, aparecem os chefes Tessandro e Estenelo, o cruel Ulisses, Acamante, Toas, Pelides, Macáon, Menelau e o próprio construtor do cavalo, Epeu. Invadem

20 *Ílio.* Troia.
21 *Morada dos deuses.* Referência aos numerosos templos que havia em Troia.
22 *Cassandra.* Filha de Príamo. No intento de ser amado por ela, Apolo lhe concedera o dom da profecia. Rejeitado pela jovem, Apolo se vingou fazendo-a passar por louca, de modo que ninguém mais acreditou em suas profecias. Seu nome passou a designar a pessoa que prediz desgraças ou coisas desagradáveis, mas que não é acreditada, ou, simplesmente, pessoa que faz previsões pessimistas.
23 *Teucros.* Troianos.

a cidade, imersa em vinho e sono; matam as sentinelas e abrem os portões aos companheiros vindos de Tenedo, aos quais se juntam, formando um batalhão invasor.

Era a hora em que o primeiro e doce sono, qual dádiva divina, invade os corpos cansados dos mortais. Eis que, em sonho, aparece-me, muito triste e choroso, Heitor[24], arrastado, como outrora, no carro de Aquiles, o corpo horrendamente ensanguentado, os pés inchados rastejando no pó escuro. Ai! Como estava diferente! Não era aquele Heitor que voltara do combate trazendo as armas de Aquiles[25], aquele Heitor que incendiara as naus dos gregos! Tinha a barba esquálida e os cabelos empastados de sangue, ostentava as feridas que o vitimaram junto aos muros pátrios. Chorando eu mesmo, parecia que o interpelava e lhe dirigia estas tristes palavras:

"Ó luz, ó esperança dos troianos, por que demoraste tanto? Donde vens, Heitor? Só agora é que apareces, depois de tanta matança e destruição, depois que teus concidadãos agonizam nas mãos de nossos inimigos? Que mão cruel desfigurou teu rosto sereno? Que feridas são essas?" Ele não responde às minhas perguntas vãs, mas arranca do peito um gemido e diz:

"Foge, Eneias, foge do incêndio! O inimigo entrou na cidade. Troia está ruindo, desabando do auge de sua glória. Nada mais podemos fazer por Príamo e pela pátria. Se Troia tivesse salvação, minha destra a defenderia. Troia te confia os seus penates e objetos sagrados. Leva-os contigo como companheiros das tribulações que o destino te imporá. Com eles, só depois de haver errado pelos mares, é que finalmente fundarás uma grande cidade." Ditas essas

---

24 *Heitor.* Herói troiano, filho de Príamo. Foi morto por Aquiles.

25 Aquiles emprestara suas armas ao amigo Pátroclo, que Heitor matou e lhe arrebatou as armas. Aquiles, depois, vingou o amigo, matando Heitor.

palavras, retira do santuário doméstico as fitas, a poderosa Vesta[26] e o fogo sagrado.

Entrementes, a cidade está imersa em pranto e luto. E, embora a casa de meu pai esteja situada em lugar afastado, oculta entre árvores, cada vez mais aumenta o barulho e se torna iminente o horror dos combates. Sacudo o sono, subo ao ponto mais alto da casa e apuro o ouvido: tanto é o fragor que lembra o incêndio, quando, ajudado pelo vento, devasta as searas, ou a torrente que, precipitando-se da montanha, invade os campos, arrasa as tenras plantas e o trabalho dos bois, derruba e arrasta árvores, fazendo pasmar o pastor sentado na eminência de um rochedo. Eis no que deu acreditar em grego. Estava clara a traição. Desaba a grande casa de Deifobo[27], envolta em labaredas. Mais perto, arde também a casa de Ucalegonte. O clarão do incêndio reflete no cabo Sigeu[28] e no mar que o circunda. Eleva-se o clamor dos homens e o clangor das trombetas. Desvairado, pego as armas; nem sei para quê. Entretanto, ferve-me a vontade de juntar um grupo de companheiros e com eles ir socorrer a fortaleza. O furor e a raiva precipitam-me, empolgado pela ideia de que é glorioso morrer combatendo. Eis que se aproxima Panto, sacerdote de Apolo, escapo dos dardos inimigos; carrega objetos sagrados e os numes vencidos. Vem trazendo o netinho pela mão, caminha, alucinado, em direção a minha casa. "Ah, Panto, o que foi feito de nossa Pátria? Como estará a cidadela?" Responde-me soluçando: "Chegou o dia derradeiro, o inelutável dia dos troianos. Já fomos. Ílio acabou. Acabou a sua glória. Júpiter cruel transferiu tudo para Argos[29]. Os gregos tri-

---

26 *Vesta*. Deusa dos lares.

27 *Deifobo*. Filho de Príamo. Depois da morte de Páris, desposou Helena.

28 *Sigeu*. Promontório situado na frente de Troia.

29 *Argos*. Cidade grega do Peloponeso.

pudiam sobre a cidade incendiada. Do monstruoso cavalo saem homens armados, e Sínon, vitorioso, nos insulta espalhando o incêndio. Aos milhares, os gregos se apinham nas portas abertas das casas e enchem de armas as ruas estreitas da cidade. As espadas afiadas coruscam, prontas para matar. Tentam resistir as primeiras sentinelas dos portões e se atiram a cego combate[30]."

Impelido pelas palavras de Panto e pelo influxo dos deuses, lanço-me ao fogo e às armas[31], que é onde me chama a terrível Erínis[32], e onde se erguem aos céus o fragor dos combates e o clamor dos homens. Juntam-se a mim Ripeu, o inigualável guerreiro Épito, mais Hipane, Dimas e Corebo, jovem que, inflamado de louco amor por Cassandra[33], havia pouco viera a Troia para ajudar Príamo e seu povo. Infeliz! Não deu ouvidos aos vaticínios da noiva!

Ao vê-los juntos, determinados a combater, assim lhes falo: "Jovens de inexcedível coragem, se quereis seguir um homem que está decidido a tudo, considerai bem, antes, a nossa situação: os deuses todos, sustentáculo deste reino, abandonaram altares e templos. Correis em socorro de uma cidade em chamas. Lancemo-nos ao combate e morramos. Aos vencidos só resta uma salvação: não esperarem nenhuma salvação." Minhas palavras atiçam-lhes a coragem. Como lobos rapaces que, apertados por fome devoradora, saem à noite, deixando nos covis as crias esfomeadas, assim marchamos nós, entre inimigos armados, ao encontro da morte certa e atravessamos a cidade. A negra noite tudo envolve em pro-

---

30 *Cego combate.* Porque o combate se trava à noite.

31 Lanço-me ao fogo e às armas. Entenda-se: enfrento o incêndio e os guerreiros gregos.

32 *Erínis.* Uma das Fúrias, divindades infernais encarregadas de atormentar os criminosos.

33 *Cassandra.* Veja a nota 22.

funda sombra. Quem poderá descrever por palavras a chacina, a destruição, os horrores, os trágicos eventos dessa noite, ou terá lágrimas bastantes para chorar tantas desgraças? A famosa cidade, que por séculos dominou a região, agora é só ruínas. Cadáveres sem conta jazem nas ruas, nas casas e nas entradas dos templos.

E não é só derramado sangue teucro. Por sua vez, os vencidos recobram ânimo e os vencedores tombam mortos. Em toda a parte, luto, pavor, a imagem da morte multiplicada.

Acompanhado de um bando de gregos, encontramos Androgeu, que, tomando-nos por um grupo de companheiros, nos diz amigavelmente: "Apressai-vos, homens. Que lentidão! Outros saqueiam Pérgamo[34] incendiada. Só agora é que desceis das naus?" Nossas respostas evasivas logo o fizeram perceber que estava no meio de inimigos. Estupefato, sustém o passo e a fala. Como alguém que, inesperadamente, pisa numa cobra oculta em áspera moita e, num salto, se esquiva do réptil, o qual ergue a cabeça irada e intumesce o colo, assim se afasta Androgeu, amedrontado. Arremetemos contra eles, envolvendo-os com nossas armas pesadas, e os matamos a todos esses homens apavorados e estranhos. A sorte favorece nosso primeiro esforço. Animado com o bom êxito, Corebo, exultando, grita: "Companheiros, a fortuna propícia aponta-nos o caminho da salvação; sigamo-lo. Mudemos os escudos, usemos as insígnias gregas. Unamos a astúcia à coragem. Eles mesmos nos darão as armas." Dito isso, põe na cabeça o capacete empenachado de Androgeu, adapta ao corpo o belo escudo decorado e ajusta ao quadril a espada argiva. Ripeu, Dimas e os demais companheiros, alegres, o imitam e, assim, todos se armam dos espólios do inimigo. Mesmo sem o amparo dos deuses, vamos

---

34 *Pérgamo*. Troia.

avançando na noite escura, confundidos com os dânaos[35], travando muitas lutas e enviando inúmeros deles ao Orco[36]. Alguns correm para as praias e se abrigam nas naus; há os que, com vergonhoso medo, escalam o cavalo e se escondem outra vez no seu bojo.

Ai! Sem o beneplácito dos deuses, nada se consegue! Eis que estão arrastando para fora do templo de Minerva a filha de Príamo, Cassandra[37] , toda desgrenhada, em vão levantando os olhos ao céu, os olhos, porque as delicadas mãos as tem amarradas. Não suporta esta cena Corebo: enfurecido, atira-se contra o infame bando, disposto a morrer. Todos o seguimos e atacamos o inimigo, desferindo golpes mortais, em lutas ferozes. Imediatamente, do alto do templo, os nossos, tomando-nos por gregos, por causa dos penachos e da armadura, disparam contra nós uma chuva de projéteis, originando dolorosa e triste matança. Os dânaos, retomada a virgem por nós, se enchem de amargurada cólera e atacam juntos por todos os lados: o valente Ájax, os dois Átridas[38] e a tropa dos dolopes. Assim lutam uns contra os outros, soltos num turbilhão, os ventos contrários Zéfiro e Noto e o jovial Euro, montados nos cavalos da aurora. Rumorejam as selvas; Nereu[39], enfurecido, espuma e com o tridente agita o seio do mar.

Reaparecem os que, com a nossa astúcia, afugentamos na noite escura. Devido ao nosso estranho sotaque[40], descobrem o embuste de nos termos disfarçado com seus capacetes e armaduras.

---

[35] *Dânaos.* Veja nota 11.
[36] *Orco.* Os infernos.
[37] *Cassandra.* Veja nota 22.
[38] *Os dois Átridas.* Veja nota 8.
[39] *Nereu.* Deus marinho. Não se confunda com Netuno.
[40] Os troianos falavam o grego, porém, com sotaque, o que os identificava facilmente.

Subitamente nos envolvem e atacam. Primeiro tomba Corebo, prostrado pela destra de Peneleu diante do templo da deusa armipotente[41]. Sucumbe também Ripeu, o mais justo e íntegro dos troianos. Insondáveis desígnios dos deuses! Perecem Hipane e Dimas, traspassados pelos dardos de seus concidadãos. Nem tua grande piedade[42] nem a ínfula[43] de Apolo, ó Panto[44], te livraram da morte. Cinzas de Ílio e últimas chamas da minha pátria, sois testemunhas de que, em vosso ocaso, jamais fugi aos dardos e aos golpes do inimigo e se meu destino fosse morrer combatendo, seria uma glória que meu braço teria merecido[45].

Dali me afasto com Ifito e Pélias, ambos mais vagarosos do que eu: um por ter sido ferido por Aquiles, o outro, devido ao peso dos anos. Ao longe, um clamor nos chama ao palácio de Príamo, palco de encarniçadas lutas. É ali que se concentram os combates, tão intensos que parece não haver matança no resto da cidade. Com efeito, os dânaos atacam a casa real, cercam as portas, protegendo-se de nossas setas sob a cobertura cerrada de seus escudos. Encostam escadas às paredes e se esforçam por subir, segurando com a sinistra o escudo para se protegerem das setas e com a destra agarram-se à cimalha. Os troianos, por sua vez, vendo-se no fim de tudo, resolvem, como último recurso, destruir as torres e os tetos das casas e com tais armas tentam defender-se. Rolam de cima sobre o inimigo até traves douradas, valiosos ornamentos de seus avós. Alguns, de espadas desembainhadas, se agrupam nas portas

41 *Armipotente*. Poderoso em armas; guerreiro. *Deusa armipotente:* Minerva.

42 *Piedade*. Sentimento religioso; culto e respeito aos deuses.

43 Ínfula. Espécie de coroa usada pelos sacerdotes nos rituais, feita de flocos de lã coloridos atados por uma fita; faixa.

44 *Panto*. Sacerdote de Apolo.

45 Esta frase e a anterior são dois belos exemplos de *apóstrofe*.

dos fundos para impedir a entrada. Grande é a nossa ânsia, minha e de meus companheiros, de levar socorro à casa do rei, ajudar os homens e animar os vencidos.

Nos fundos do palácio de Príamo havia uma passagem secreta que comunicava os dois edifícios, o de Heitor[46] e o de seu pai, e que Andrômaca utilizava para visitar os sogros, levando consigo Astianacte, seu filho, ainda criança. Atravesso essa passagem e subo ao teto, onde infelizes teucros atiravam inúteis setas contra o invasor. A golpes de ferro, destruímos a base da torre que se elevava acima do teto e do alto da qual se descortinava Troia e se podiam ver as naus e o acampamento gregos. Feito isso, abalamo-la e impelimo-la abaixo, fazendo-a cair sobre um grande grupo de gregos, causando, além do estrondo, morte e destruição. Mas outros grupos chegam e do alto não cessam de cair pedras, flechas e tudo o que temos à mão.

Na entrada do palácio, Pirro[47] está exultante. Suas armas de bronze coruscam. Tal qual a serpente, alimentada de ervas venenosas[48], que no inverno se oculta prenhe sob a terra fria e que, na primavera, despojando-se da pele, desenrola as roscas novas e lisas, empina o dorso ao sol e vibra a tripartida língua. O forte Perifas e o guerreiro Automedonte, cocheiro de Aquiles, junto com os soldados de Pirro, atacam o palácio e lançam archotes incendiários sobre o teto. O próprio Pirro, na frente de todos, racha com o machado os duros umbrais e arranca os gonzos de bronze; quebra os batentes de carvalho e rasga uma larga abertura, através da qual

---

46 *Heitor.* Filho de Príamo e de Hécuba. Era casado com Andrômaca.

47 *Pirro.* Filho de Aquiles. O mesmo que Neoptólemo.

48 "Os antigos pensavam que as serpentes retiravam o veneno das plantas venenosas". (Goelzer)

se pode ver o átrio e o interior do palácio. Aparecem os penetrais[49] de Príamo e de antigos reis, bem como os homens armados da guarda real.

Dentro da mansão, o choro e o tumulto se misturam. Retumbam os aposentos com os gritos e os lamentos das mulheres. O clamor delas fere os astros. Pelas vastas galerias erram mães apavoradas, que abraçam as ombreiras das portas e as beijam[50]. Pirro, violento como o pai, prossegue em sua fúria demolidora. Nem as barras de segurança nem a presença dos guardas o demovem. Com os repetidos golpes do seu machado, qual aríete, a porta se desprende dos gonzos, vacila e tomba. Precipitam-se impetuosamente para dentro os gregos, abrem passagem à força, trucidam os primeiros que encontram e todo o recinto real se enche de soldados, mais violentos que um rio quando, espumoso, rompe a represa e inunda, furioso, campos e searas, arrastando animais e estábulos[51]. Eu mesmo vi Pirro, possuído de fúria sanguinária, e os dois Átridas na entrada. Vi Hécuba[52] e suas cem noras e Príamo junto ao altar, manchando com o próprio sangue o fogo que ele sagrara. Os cinquenta leitos[53], esperança de perpétua descendência, as magníficas portas de ouro, tudo jaz ali arruinado. Os gregos agora têm o que o fogo não queimou.

Talvez desejes saber, rainha, qual foi o destino de Príamo. Ao ver a cidade tomada e incendiada e seu lar invadido e profanado

---

49 *Penetrais.* A parte íntima de uma residência; o interior; salas ou cômodos reservados ao uso pessoal.

50 Gesto que traduz o derradeiro adeus ao palácio que elas tanto amam e do qual o inimigo vai arrancá-las.

51 São frequentes, em Virgílio, as comparações sugeridas pelo ambiente rural.

52 *Hécuba.* Esposa de Príamo.

53 Segundo Homero, Príamo tinha cinquenta filhos e doze filhas.

pelo inimigo, o velho rei veste, trêmulo, a armadura, que há muito não usa, põe à cinta a inútil espada e vai enfrentar os invasores, mesmo sabendo que morrerá nas mãos deles.

No meio de um pátio descoberto, havia um grande altar, e junto dele um antiquíssimo loureiro, cuja ramagem se estendia sobre a ara, sombreando os penates. Como pombas que fogem da tempestade, ali estavam sentadas, ao redor do altar, Hécuba e suas filhas, em vão abraçadas às imagens de seus deuses domésticos. Assim que aparece Príamo portando as armas do tempo de jovem, lhe diz Hécuba: "Que intento funesto, infeliz esposo, te levou a cingir essas armas? Aonde vais? Tua espada não basta, nem se meu Heitor estivesse aqui agora. Fica aqui conosco. Este altar nos salvará ou morreremos todos juntos." Dito isso, pega no braço do velho rei e o faz sentar-se junto de si em sagrada cadeira.

Eis que um dos filhos de Príamo, Polites, escapando, ferido, do matador Pirro, foge por entre inimigos, atravessando longos corredores e pátios desertos. O feroz Pirro o persegue e logo o alcança e atira-lhe o dardo. Assim que chega diante dos pais, Polites cai e morre, numa poça de sangue. Príamo, embora visse que estava a um passo da morte, não conseguiu conter-se e reprimir a voz e a ira: "Pelo teu abominável crime, pela tua perversa ousadia, os deuses (se há no céu piedade e justiça) te paguem, com merecida recompensa e justo prêmio, a ti, covarde, que mataste meu filho ante meus olhos e enxovalhaste meu rosto com sangue. Aquiles[54], inimigo meu, de quem te finges filho, assim não procedeu, respeitou meu direito quando lhe supliquei me devolvesse o cadáver de Heitor para o sepultar, permitindo também que eu voltasse ao meu palácio." Dizendo isso, Príamo atira-lhe um rombo e inofensivo

---

54 *Aquiles*. Veja canto I, nota 78.

dardo, prontamente repelido pelo brônzeo escudo, no qual produz um som rouco e sobre o qual fica suspenso.

"Pois vai contar essas coisas a meu pai Aquiles" — responde Pirro, debochador. "E não te esqueças de noticiar-lhe meus hediondos feitos e descrever-lhe o degenerado Neoptólemo[55]. E agora morre." Dizendo isso, arrasta Príamo, que treme e pisa no sangue do filho, empurra-o sobre o próprio altar, agarra-lhe o cabelo com a mão esquerda e com a direita saca a lâmina brilhante da espada e enterra-a no coração do rei[56]. Assim acabou Príamo. Este foi o fim que o destino lhe reservou: morreu vendo Troia incendiada e seu reino destruído. Ele, que foi soberbo rei de tantos povos e terras da Ásia, agora, jaz irreconhecível, esquecido numa praia, a cabeça decepada.

Essa cena bárbara horrorizou-me[57]. Fiquei profundamente chocado. A morte cruel do magnânimo rei insinuou-me na mente a imagem de meu pai, tão velho quanto ele. Lembrei-me de Creusa[58], abandonada, o lar provavelmente saqueado, o pequeno Iúlo exposto a tantos perigos. Olho em torno de mim, à procura de meus companheiros. Exaustos, desesperados, todos me abandonaram, saltando ao chão ou sobre as chamas. Neste momento, errando sozinho, ao clarão do incêndio, perscrutando cada recanto, deparo com Helena, escondida e calada, diante do altar do templo de Vesta[59]. Essa Erínis[60] comum de Troia e Grécia, odiada por nós,

---

55 *Neoptólemo.* Outro nome de Pirro.

56 Era de esperar que Virgílio nos pintasse Príamo como herói troiano, morrendo em combate com Pirro, e não como cordeirinho manso, sangrado sobre um altar.

57 Eneias a tudo assistiu do terraço do palácio, aonde subira com os companheiros para repelir os gregos.

58 *Creusa.* Esposa de Eneias.

59 *Vesta.* Deusa do fogo.

60 *Erínis.* Veja nota 32.

por ter sido a causa de nossa ruína[61], e temendo o castigo dos compatriotas e a cólera do esposo, agora, por todos execrada, se refugiava no santuário de Vesta. Fiquei enfurecido. Veio-me violenta vontade de vingar a pátria agonizante, fazendo aquela malvada pagar pelo seu crime. E dizia de mim para mim. "O quê? Voltar essa mulher, impune, para Esparta, rever Micenas, entrar, em triunfo, na Grécia, como rainha? Ver o marido, a casa, os pais e os filhos? Ter para acompanhá-la e servi-la escravas troianas? E a morte bárbara e repulsiva de Príamo, o incêndio de Troia e o sangue de nossa gente que banhou as praias teucras, todo esse cortejo de males vai ficar de graça? Não! Embora punir uma mulher não faça a reputação de ninguém nem seja feito digno de louvor, contudo, serei louvado por exterminar essa execrável criminosa, saciando, assim, a minha sede vingadora e a dos meus concidadãos que pereceram."

Estava eu revolvendo em meu espírito enfurecido tais pensamentos, quando me aparece, mais nítida do que nunca, a venerável mãe Vênus, refulgindo na noite escura, ostentando claramente a sua divindade tal qual costuma fazer entre os deuses. Pegando a minha destra e abrindo seus róseos lábios me diz: "Filho, que grande ofensa te fizeram para estares tão irritado? Que indômito furor é esse? Os nossos entes queridos não te importam? Teu velho pai não te preocupa? Onde o deixaste? Tua esposa Creusa está viva? E teu filhinho Ascânio? O exército grego os rodeia. Não fosse a minha intervenção, todos já teriam sido mortos, ou pelo fogo, ou pela espada do inimigo. Não culpes Helena nem Páris, mas a inclemência dos deuses, sim, dos deuses: ela é que aniquilou a nossa resistência e destruiu Troia. Presta atenção: vou dissipar as

---

61 Recordamos que o rapto de Helena, esposa do rei grego Menelau, foi a causa da guerra de Troia. Páris, o raptor, era filho de Príamo.

nuvens que, úmidas e escuras, estão tapando a tua vista, impedindo-te de enxergar o que há ao redor de ti. Não temas seguir os meus conselhos. Não recuses obedecer às ordens de tua mãe. Lá longe, onde vês moles[62] dispersas, pedras arrancadas e nuvens de fumaça e pó, Netuno, com seu enorme tridente, está derrubando os muros e os alicerces e destruindo toda a cidade. Lá, junto das portas Ceias[63], a ferocíssima Juno, armada e furiosa, convoca as tropas aliadas gregas das naus. Volta-te e repara Minerva[64] sobre a cidadela, sentada em resplandecente nuvem, o aspecto terrível, ostentando no escudo a medonha cabeça da Medusa[65]. O próprio Júpiter infunde coragem e forças aos gregos e incita os deuses contra os troianos. Foge depressa, filho, põe termo aos teus sofrimentos. Não me afastarei de ti em parte alguma; vou te levar salvo ao lar paterno." Disse e oculta-se nas densas sombras da noite. Aparecem espectros sinistros e cataduras pavorosas de deuses inimigos de Troia: vejo Ílio, a netunina cidade[66], ruir, esboroar-se e depois desaparecer num abismo de chamas. Assim cai nos montes o altivo freixo, abatido pelo machado dos lenhadores, que junto ao tronco se revezam na lide de abatê-lo com repetidos golpes. A árvore longo tempo ameaça cair, estremece, sua ramagem treme, balança, até que, pouco a pouco cerceada na base do tronco, dá o último gemido e tomba, causando grande estrondo e estrago.

---

62 *Moles.* Imensos blocos de pedra.

63 *Portas Ceias.* Assim eram chamadas as portas que ficavam no lado ocidental de Troia. *Ceias*: pronuncia-se Céias. Veja canto III, nota 53.

64 *Minerva.* Deusa da sabedoria e das artes, na mitologia latina. Denominada Atena, na mitologia grega.

65 *Medusa.* Na mitologia grega, uma das três Gôrgonas, mulheres monstruosas, cujas cabeças eram ornadas de serpentes. Transformavam em pedra quem as olhasse.

66 Corria o mito de que Netuno, com a ajuda de Apolo, havia construído os muros de Troia.

Desço da elevação onde estava e, conduzido por Vênus, esgueiro-me por entre os inimigos e o fogo. Abrem-me passagem as lanças e as chamas e chego ileso à casa de meu pai Anquises. Desejo mais que tudo salvá-lo, levando-o para altos montes, mas ele se recusa terminantemente a prolongar a vida no exílio, longe de sua destruída cidade.

"Vocês — nos diz —, que estão no vigor da idade e são fortes, fujam depressa. Se os deuses quiseram que eu continuasse vivo, me conservariam intacta esta casa. Já é bastante termos sobrevivido uma vez à tomada e à destruição da cidade[67]. Ah! Considerem-me um homem morto e despeçam-se, dizendo-me o último adeus! A morte, eu mesmo a procuro combatendo, ou me será dada por algum inimigo que de mim se compadeça. Não me importa ficar insepulto. Peso inútil, arrastando os anos, há muito os deuses me odeiam, desde o dia em que o pai dos deuses e o rei dos homens me tocou com o fogo de seu raio[68]." Rememorando tais fatos, mostra-se resoluto, irredutível em sua determinação, insensível às lágrimas de Ascânio, de minha esposa Creusa[69], da família inteira, que lhe implora não ajude o destino a levar-nos todos à ruína e à morte. Súplicas inúteis; ele se obstina em não abandonar sua casa. Eu retomo as armas, disposto a morrer combatendo. Que recurso, que alternativa resta? "Pensaste, meu pai, — pergunto-lhe — que eu sou capaz de ir embora e deixar-te aqui sozinho? Como te passou pela cabeça tão grande crime? Os deuses já decretaram a destruição total de Troia. Se te apraz morrer com toda a família, a desgraça já está a caminho: Pirro, cujas mãos ainda estão manchadas

---

[67] Anquises se refere à tomada de Troia por Hércules, que assim quis se vingar do perjúrio de Laomedonte, pai de Príamo e rei de Troia.
[68] Anquises foi tocado pelo raio de Júpiter, ficando aleijado, por ter dito que Vênus o amava. Lembramos que Eneias era filho de Anquises e Vênus.
[69] *Creusa*. Preferimos essa pronúncia à pronúncia latina Creúsa, de pouco uso em português.

com o sangue de Príamo, não tardará a chegar para matar o filho diante do pai e o pai sobre o altar doméstico. Foi para isto, venerável mãe[70], que me fizeste passar incólume por entre lanças e chamas? Foi para que eu visse, dentro do meu lar, o inimigo imolar meu filho Ascânio, meu pai e minha esposa, um banhado com o sangue do outro? Às armas, varões, às armas! O último dia convoca os vencidos. Quero enfrentar os gregos. Deixai que volte ao combate. Não morreremos impunemente hoje."

Dito isso, cinjo novamente a espada, adapto o escudo ao braço esquerdo e já vou saindo de casa, quando Creusa, no limiar da porta, com meu filhinho Iúlo[71] ao lado, me abraça os pés, dizendo:

"Se vais ao encontro da morte, leva-nos para morrermos contigo. Contudo, se ainda confias nas armas e te julgas bastante experimentado na luta, deves, primeiro, defender esta casa. A quem entregas teu filho, a quem teu pai e a esta que chamas tua esposa?"

Creusa proferiu essas palavras em alta voz e seus gemidos ecoaram em toda a casa. De repente, um singular prodígio vem amortecer nossa tristeza e nos deixar estupefatos: na cabeça de Iúlo, que está nos braços da mãe e voltado para mim, aparece um sutil fulgor, uma coroa luminosa, e inofensivas línguas de fogo. Exultante, meu pai ergue os olhos ao céu, e, de mãos estendidas para o alto, assim ora:

"Onipotente Júpiter, se preces te comovem, pelo menos, volve teus olhos para nós; e se, em virtude de nossa piedade, merecemos o teu favor, ajuda-nos, Pai, confirma esse presságio."

Mal termina Anquises sua súplica, estronda subitamente o trovão no lado esquerdo[72], e uma estrela de intenso brilho desliza

---

70 Eneias se dirige a Vênus, sua mãe, queixando-se.

71 *Iúlo*. Apelido de Ascânio.

72 Para os áugures, trovejar no lado esquerdo era presságio favorável.

pelo céu, na escuridão da noite, deixando um longo rastro luminoso atrás de si. Nós a vimos descer sobre o teto da casa e depois desaparecer na selva do Ida[73], assinalando o caminho a seguir; um sulco luminoso no céu marca o itinerário, ao mesmo tempo que um forte cheiro de enxofre se espalha sobre o trajeto dos fugitivos.

Convencido por sinais tão claros, meu pai levanta-se, olha o céu, reverencia o santo astro e invoca os deuses:

"Ó pátrios numes, não mais hesitarei, sem demora seguirei o caminho assinalado. Protegei, vos suplico, meu neto e minha casa. Troia está sob vossa vontade." Em seguida me diz: "Filho, não mais me recuso a partir contigo, serei teu companheiro de viagem." Já se ouve o crepitar do fogo nas muralhas de Troia e o calor do incêndio é cada vez mais intenso.

"Coragem, caro pai, lhe digo, sobe às minhas costas, eu te ajudo; carregar-te para mim não é peso nem trabalho. Aconteça o que acontecer, comum é o perigo, comum é a salvação. Iúlo me acompanhará, à minha direita, e Creusa atrás e distante de mim[74]. E vocês, servos, muita atenção para o que eu vou dizer: fora da cidade, existe, num outeiro, junto de um cipreste, um velho templo de Ceres[75], conservado pela religião dos antepassados. É nesse lugar solitário que todos nos encontraremos, depois de percorrer

---

[73] *Ida.* O monte Ida estava situado na Frígia, região a leste de Troia. Deduz-se do texto que o monte não ficava longe de Troia, pois podia ser visto da casa de Anquises.

[74] A frase "longe servet vestigia conjux", usada por Virgílio, é ambígua, dá margem a sentidos opostos. Uns latinistas entendem que a esposa de Eneias devia acompanhá-lo junto dele, outros, atrás e longe do marido. Estranho é também que Virgílio ponha Iúlo, criança pequena, a acompanhar a pé e de noite, a família em fuga. Por coerência, deveria ir nos braços da mãe ou carregado por algum servo.

[75] *Ceres.* Deusa da agricultura.

caminhos diferentes[76]. E tu, querido pai, leva os objetos sagrados e os penates. Eu, que acabo de me envolver em lutas e mortes cruentas, seria impiedade[77] tocá-los antes de me purificar em água límpida."

Dito isso, envergo a fulva pele de um leão, subo meu pai às costas, pego a mão de Iúlo e nos pomos a caminho. Para me acompanhar, Iúlo tem de apertar os passos. Creusa segue-me atrás. Atravessamos lugares imersos em espessa escuridão. E eu, que há pouco não temia pelotões de gregos nem seus dardos, agora um leve rumor do vento me amedronta, qualquer ruído me inquieta, temeroso pela família e pela carga.

Já estava chegando às portas da cidade e julgava-me fora de perigo, quando, de repente, se ouviu um contínuo estrépito de pés que se aproximava. Meu pai, apurando a vista no escuro da noite, me alerta: "Filho, aperta o passo, foge! O inimigo se aproxima. Vejo escudos e armaduras brilhando." Então, não sei que maléfico deus me alucinou, pois me extraviei, enveredando por um caminho errado. E, oh desgraça! Oh dor lancinante! Um infeliz acaso me arrebata a esposa. Creusa desaparecera. Ou errou o caminho, ou parou para descansar. O fato é que não a vi mais[78]. Só dei pela sua ausência quando chegamos ao templo de Ceres. Todos, enfim, tinham chegado ali, menos ela. O marido, o filho e os companheiros lastimaram sua falta. Desvairado, acusei todos os homens e todos os deuses. Na destruída cidade não vi acontecimento mais

---

[76] Se andassem juntos pelo mesmo caminho, poderiam ser atacados pelo inimigo.

[77] *Impiedade.* Transgressão da lei divina.

[78] Deduz-se do texto que Creusa morreu na fuga, provavelmente vítima do inimigo, pois a alma dela apareceu a Eneias, conforme veremos mais adiante. A presença de Creusa não se coadunava com os futuros trabalhos e aventuras do marido. Por isso, Virgílio, obedecendo ao esquema de sua epopeia, eliminou essa personagem antes que Eneias partisse de Troia, com destino à Itália.

cruel do que esse. Confio Iúlo, meu pai e os penates aos companheiros e escondo a todos num vale profundo. Volto à cidade, armado, disposto a revistar Troia inteira e a enfrentar novamente todos os perigos para encontrar Creusa.

Primeiro volto à porta pela qual saímos, depois prossigo pelo mesmo caminho percorrido na fuga, examinando tudo com cuidado, tanto quanto a noite permite. O terror me penetra o peito, o próprio silêncio me apavora. Prosseguindo nas minhas buscas, e depois de muita hesitação, dirijo-me para o meu lar, na esperança de lá encontrar Creusa. Os gregos tinham invadido a casa e, depois de a saquearem, lhe atearam fogo: chamas devoradoras, assanhadas pelo vento, revoluteavam no teto. Em derredor, o calor abrasava o ar.

Triste e acabrunhado, vou em frente e chego ao Palácio de Príamo e à cidadela. Nos pórticos vazios, refúgio de Juno, estão em pé, guardando os despojos, Fênix[79] e o detestável Ulisses[80]. Ali vejo amontoados os tesouros de Troia, saqueados de casas e templos, objetos sagrados, mesas de culto, vasos de ouro maciço, vestes e tecidos preciosos. Ao redor, em fila, crianças com suas mães, pávidas e amarguradas.

Triste e desesperado, ousei até bradar nas sombras da noite e encher as ruas de gritos, chamando, chamando, repetidas vezes, por Creusa. Procuro-a, sem descanso, de casa em casa, como um louco, quando, inesperadamente, me aparece a sombra de Creusa, o aspecto triste, simulacro dela, em tamanho maior. Estupefato, meus cabelos eriçam-se, a voz fica presa na garganta. Ela, afável, assim me tranquiliza e alenta:

---

[79] *Fênix ou Fênice.* Aio (preceptor, mestre) de Aquiles, a quem acompanhou no cerco de Troia.

[80] *Ulisses.* Em grego, *Odisseus.* Rei de Ítaca, marido de Penélope. Um dos mais famosos heróis gregos, celebrado por Homero no poema épico *Odisseia.* No cerco de Troia, destacou-se por sua bravura e astúcia, inventando o famoso Cavalo de Troia.

"Não te entregues ao sofrimento, doce esposo! Estes fatos não acontecem sem a vontade dos deuses. O destino, ou melhor, o supremo soberano do Olimpo não permite que leves Creusa como companheira. Longo exílio te espera e imensas são as planícies do mar que deverás navegar até chegar à Hespéria[81], onde corre o manso e caudaloso Tibre por entre campos férteis, cultivados pelas mãos dos homens. Ali conhecerás o sucesso e serás feliz; terás um reino e a rainha será tua esposa. Não chores por causa de tua amada Creusa. Troiana e nora de Vênus, não serei escrava de soberbas matronas gregas. Cibele, a grande mãe dos deuses, me livrou desse destino[82]. Adeus, Eneias! Trate com muito amor o nosso filho." Assim falou ela. Eu chorava e estava ansioso por lhe dizer muitas coisas, mas ela frustrou minha tentativa e desapareceu no ar. Três vezes tentei abraçá-la, três vezes a imagem escapou de minhas mãos, igual a suave brisa, a um sonho fugaz. Finda a noite, retornei ao lugar onde havia deixado meu pai, Iúlo e os companheiros. Chegando ali, encontrei, admirado, um grande ajuntamento de fugitivos: mulheres e maridos, moças e rapazes, gente infeliz, partindo para o exílio. Vieram de todas as partes, apercebidos de recursos e coragem, dispostos a navegar comigo, em demanda de outras terras. A leste, sobre os cimos do Ida, já surgia a estrela-d'alva, anunciando o dia. Os gregos bloqueavam as portas da cidade. Morria, assim, a última esperança de salvar Troia. Vencido pelo destino, pus meu pai às costas e me dirigi à montanha[83].

---

[81] *Hespéria*. Designação vaga de região situada no ocidente, podendo ser a Itália, a Espanha, etc.

[82] Creusa dá a entender a Eneias que Cibele, mãe dos deuses, a fez uma de suas ninfas.

[83] Eneias devia transpor o Ida para chegar a Antandro, ponto de partida de sua longa viagem marítima, em demanda da Itália. Antandro era uma pequena cidade e um porto da Frígia, ao sul de Troia.

CANTO III

Depois que aprouve aos deuses destruir, sem justa causa, o poderio da Ásia e o reino de Príamo, e reduzir a escombros e cinzas a soberba Troia, presságios divinos persuadem-nos a buscar, no exílio, terras distantes e incultas. Em Antandro, ao pé do Ida, construímos vinte navios e reunimos os companheiros de viagem, sem ainda saber que rota seguir e aonde aportar. Logo no início do verão, meu pai Anquises ordena que as velas se façam ao mar, entregando a sorte às mãos do destino. Então, chorando, deixo as praias da pátria e os campos onde foi Troia. Parto para o exílio e ganho o alto-mar, levando comigo meu pai, o pequeno Iúlo, os companheiros, os penates e nossos grandes deuses.

Não muito longe de Troia, fica a Trácia com seus vastos campos cultivados, habitada por um povo belicoso. No tempo do severo rei Licurgo, enquanto a sorte nos ajudou, os troianos encontraram naquela terra bom acolhimento e lares amigos[1]. Impelido por

[1] Esse bom relacionamento entre os trácios e os troianos se consolidou com o casamento de Polímnestor, rei da Trácia, com uma das filhas de Príamo, chamada Elioneia, mas durou pouco, porque esse rei era um homem falso, extremamente ambicioso e cruel. *Trácia*: região que correspondia ao Sul da atual Bulgária. Consulte o mapa do início desta obra.

fado adverso[2], aporto ali, numa enseada, fundo Enos, nome sugerido pelo meu. Por esse auspicioso feito, por esse bom começo, ofereço sacrifícios a minha mãe Vênus e aos deuses e imolo, na praia, um touro gordo a Júpiter.

Havia ali, perto de nosso acampamento, um cômoro[3] coberto de densa moita de murtas e de espinhosos pilriteiros[4]. Um dia, subi a esse local para colher ramos com que enfeitar o altar dos sacrifícios. De repente, um prodígio assombroso me arrepia: das raízes da primeira planta que arranco escorrem gotas de pútrido sangue, maculando a terra. Frígido horror me agita o corpo e gela-me o sangue. Prosseguindo na tarefa, arranco outra planta, no intento de desvendar o mistério: de novo, as raízes estilam sangue tábido. Muito preocupado e temeroso, rogo às divindades agrestes e ao deus Marte, protetor daqueles campos, que afastem o mau agouro. Em seguida, firmo os joelhos no chão arenoso e agarro fortemente a terceira planta (devo dizer ou calar?) e ouço, saindo do fundo do cômoro, um gemido choroso e, logo em seguida, estas palavras:

"Por que me laceras, Eneias? Poupa um morto sepultado. Não profanes minhas mãos inocentes. Não me tomes por estrangeiro, nasci em Troia, nem penses que este sangue provenha das raízes de plantas. Ah! Foge desta terra cruel, foge deste litoral, onde só vive gente avarenta! Sou Polidoro[5]. Os mil dardos atirados contra mim viraram hastes de plantas."

Oprimido pelo pasmo e pelo medo, fico estático e horripilado, a voz presa na garganta. Outrora, quando viu Troia sitiada e sentiu

---

[2] *Fado adverso.* Acaso infeliz. Adiante se verá por quê.

[3] *Cômoro.* Pequena elevação do terreno.

[4] *Pilriteiro.* Arbusto espinhoso da família das rosáceas. Suas flores são medicinais.

[5] *Polidoro.* O mais jovem dos filhos de Príamo. Foi assassinado por Polímnestor, rei da Trácia, do qual Polidoro era cunhado.

apequenar-se a esperança de vitória de nossas armas, o infeliz Príamo mandara, às escondidas, Polidoro a Polímnestor para ser educado, a peso de muito ouro, na corte desse rei. Este, vendo Troia derrotada e abandonada pelo destino, aliou-se ao vitorioso chefe Agamêmnon[6] e, violando as leis divinas e humanas, matou Polidoro e apoderou-se do seu ouro. Há crime a que não arrastas os corações dos homens, execrável fome de ouro?[7] Passado o medo, relato o prodígio a meu pai e aos mais destacados companheiros e peço-lhes sua opinião. Todos são unânimes em abandonar aquela terra de criminosos, fugir da pousada poluída e entregar as velas ao vento. Antes de partir, prestamos as honras fúnebres a Polidoro. Colocamos mais terra sobre o túmulo, erguemos um altar aos manes e o enfeitamos com fúnebres fitas azuis e ramos de ciprestes, símbolo da tristeza. Ao redor do altar, se postam mulheres tebanas, segundo o rito, com as cabeleiras soltas. Entornamos sobre o túmulo vasos de tépido e espumante leite e sangue das vítimas. Encerramos a alma do morto no sepulcro[8] e, a altas vozes, damos o último adeus a Polidoro.

Logo que o mar e o vento se acalmam, propiciando um navegar seguro, e o brando Austro[9] convida ao largo, meus companheiros lançam as naus às águas e nos afastamos do porto. A cidadezinha e a terra vão ficando cada vez mais longe, até desaparecerem no horizonte equóreo.

---

6 *Agamêmnon* ou Agamenon. Chefe das forças gregas na guerra de Troia.

7 Famosa frase de Virgílio. Outra tradução: "A que crimes hediondos impeles os corações dos homens, abominável fome de ouro!" Hoje, diríamos "abominável fome de dinheiro".

8 "Acreditavam os antigos que a alma do defunto ficava errando em torno do corpo enquanto este não tivesse recebido as honras fúnebres." (Goelzer)

9 *Austro*. Vento que sopra para o sul.

Existe, no mar Egeu[10], uma ilha[11] de ameníssimo clima, consagrada à mãe das nereidas[12] e a Netuno[13]. Era uma ilha outrora flutuante, que o vento e as ondas continuamente deslocavam. Apolo a ligou a duas ilhas menores e a tornou imóvel e habitável, imune aos ventos. Cansados, nos dirigimos a esse lugar aprazível. Seu porto nos acolhe como amigos. Desembarcamos e reverenciamos a cidade de Apolo. O rei Ânio, ao mesmo tempo soberano da ilha e sacerdote de Apolo, vem a nosso encontro, a venerável cabeça cingida de louro e fitas. Ele reconhece o velho amigo Anquises. Estende-nos a destra, que apertamos, e acolhe-nos em seu palácio.

Entramos no velho templo de Apolo, feito de pedra. Eu implorei o deus nestes termos: "Estamos cansados de viajar, ó deus. Dá-nos terra e morada, cidade segura e duradoura, um lar e numerosa descendência. Salva a nova Troia que somos, fugitivos escapos das mãos dos gregos e do cruel Aquiles. Que chefe nos guia? Aonde queres que vamos e nos estabeleçamos? Desvenda, Pai, o nosso futuro; insinua-te em nosso espírito."

Mal terminei a minha prece, tudo começou a tremer em torno de nós: as portas, o loureiro do deus, o morro circundante; no recinto secreto do santuário ressoou a bacia do tripé de Apolo. Prostrados no chão, ouvimos estas palavras:

"Denodados troianos, a terra que primeiro viu nascer vossa raça vos acolherá em seu fértil seio. Buscai com diligência a velha mãe. Ali a família de Eneias dominará em todas as regiões do orbe, bem como os filhos dele e seus descendentes."

---

10 *Mar Egeu.* Fica no Mediterrâneo, entre a Grécia e a Turquia.

11 Virgílio refere-se a Delos, a menor das ilhas Cíclades, no mar Egeu.

12 *Mãe das nereidas.* Chamava-se Dóris e era esposa de Nereu.

13 *Netuno*, deus do mar, tinha predileção pelo mar Egeu.

Esse oráculo suscita em nós grande alegria, mas também incerteza e perplexidade. Todos perguntam a que terra Febo[14] os chama e a que lugar os manda voltar. Então, meu pai, relembrando antigos acontecimentos, assim nos fala:

"Escutai, chefes, o que vou dizer alimentará vossa esperança. Existe no meio do mar a ilha de Creta, berço da nossa raça. Nessa ilha eleva-se o monte Ida, onde nasceu Júpiter, e existem cem grandes cidades, reinos florescentes e ricos. Se bem me lembro do que ouvi dizer, quem chegou primeiro a Creta e ali estabeleceu o seu reino foi um de nossos antepassados[15]. Nesse tempo longínquo, Troia ainda não existia. Vivia-se em vales profundos. Dali, dessa bela ilha, é que proveio o culto de Cibele[16] com o ritual na celebração dos seus mistérios, o carro da deusa puxado por uma junta de leões; dali, o nome do monte Ida. Vamos, pois! Sigamos o caminho indicado pelo deus; aplaquemos os ventos e demandemos o reino cretense. Não dista muito. Se Júpiter ajudar, em três dias estaremos lá."

Após nos animar com essa inflamada alocução, Anquises manda imolar vítimas aos deuses: um touro a Netuno, outro a ti, belo Apolo, uma ovelha negra à Tempestade[17] e outra branca aos frescos Zéfiros[18] amigos.

Correu em Delos o boato de que, expulso o rei Idomeneu[19] do solo pátrio, Creta ficara livre de inimigos e que as casas e povoações abandonadas estavam à nossa disposição. Mais do que depressa

---

14 *Febo.* Cognome de Apolo, deus do Sol. Do grego *Foibos,* brilhante.

15 Anquises estava enganado, como adiante se verá.

16 *Cibele.* Mãe dos deuses.

17 A Tempestade era considerada uma divindade infernal.

18 *Zéfiro.* Vento suave e fresco.

19 *Idomeneu.* Rei de Creta. Em cumprimento de uma promessa, imolou seu próprio filho, sendo, por isso, expulso da pátria.

partimos do porto de Delos e velejamos velozmente rumo ao sul, costeamos Naxos[20], em cujos morros estrepitam as bacanais, a verdejante Donusa, Olearo, a branca Paros[21]; atravessamos as Cíclades esparsas na planície azul do mar; vencemos estreitas passagens de águas agitadas. Neste ponto da viagem, elevou-se grande celeuma entre os comandantes das naus, uns incitando os outros a avançar com mais ímpeto. Os companheiros exortavam-me a que buscássemos Creta, terra dos nossos antepassados. O vento soprava à feição; chegamos, enfim, ao litoral da velha Creta.

Foi com sôfrega ambição que lancei os fundamentos de tão desejada cidade. Dei-lhe o nome de Nova Pérgamo[22], exortei os companheiros a orgulhar-se desse nome, amar as suas casas e construir a cidadela em lugar elevado.

As naus já tinham sido puxadas para a praia, os jovens já pensavam em casar e lavrar a terra, eu já estava demarcando o terreno para a construção das casas, quando inesperadamente peste letal se abateu sobre nós, infectando o ar, prostrando gente, atacando árvores e plantações. Triste e calamitoso ano! Uns morriam, outros arrastavam seus corpos doentes. O sol queimava os campos, tornando-os estéreis, improdutíveis: assim, as terras semeadas e doentes negavam o pão ao homem. Meu pai exortou-me a que voltasse a Delos para consultar o oráculo de Febo e humildemente implorar-lhe como livrar-nos de nossos sofrimentos e que rota o deus nos mandava seguir.

---

20 *Naxos.* A maior ilha das Cíclades (arquipélago do mar Egeu), na qual se cultivavam vinhedos, sendo, por isso, a morada predileta de Baco, deus do vinho. Ali se celebravam as bacanais, festas ruidosas em honra da Baco. *Olearo* e *Donusa* são outras ilhas das Cíclades.

21 *A branca Paros.* Ilha das Cíclades, famosa por suas jazidas de mármore branco.

22 *Pérgamo.* Troia.

Era noite; na terra, os mortais dormiam profundamente. Eis que, durante o sono, os simulacros dos penates que eu trouxera de Troia, salvos do incêndio, me apareceram resplandecentes nas janelas abertas, por onde a luz da lua cheia penetrava. Para me tranquilizar, assim falaram:

"Não voltes a Delos. O que Apolo deve dizer-te revela-o por nosso intermédio, em tua casa. Depois do incêndio de Troia, nós te acompanhamos em teus combates e contigo percorremos o grande mar. Aos teus descendentes daremos glória eterna e à tua cidade ilimitado poder e domínio. Para tão grande descendência prepara igual cidade. Prossegue na longa e penosa viagem. É preciso sair deste lugar; Apolo o determina. Não foi ele que te mandou estabelecer-te em Creta. Existe uma antiga região, a que os gregos chamam Hespéria[23], potente em armas e rica em terras férteis. Foi colônia dos enótrios. Hoje diz-se que se chama Itália, do nome de um de seus reis. Lá é que teve origem a nossa estirpe, enraizada em Jásio e Dárdano; lá teremos a nossa morada definitiva. Sus! Refere a teu velho pai esta notícia indubitável: é preciso buscar a Itália. Júpiter não quer que fiques em Creta."

A visão e a fala dos deuses me deixaram estupefato. E não foi sonho, não, pois eu distingui perfeitamente o aspecto, as feições, as cabeças cingidas de fitas; e um suor frio escorreu-me por todo o corpo. Saltei da cama e, de mãos erguidas, orei ao céu; em seguida, fiz a libação[24] aos deuses domésticos, com o mais puro vinho. Feita a oferenda, procurei meu pai e relatei-lhe, feliz, a visão. Anquises admitiu que se enganara, por causa da dupla origem dos

---

23 *Hespéria.* Veja canto II, nota 81.

24 *Libação.* Entre os pagãos antigos, ritual religioso que consistia em derramar um líquido (vinho, leite, óleo) para homenagear a divindade.

troianos, e reconheceu que Creta, para onde nos trouxera, não foi o berço de nossa raça. Rememorando o passado me disse:

"Filho, homem maltratado pelo fado de Ílio[25], só Cassandra[26] me predisse tais fatos. Agora me lembro que ela profetizou coisas reservadas aos troianos, falando de reinos que ela apelidava às vezes Hespéria, outras vezes, Itália. Mas quem ia acreditar que os teucros chegariam à tal Hespéria? E alguém, alguma vez, deu crédito aos vaticínios de Cassandra? Apolo nos indicou a rota certa. Sigamos seu conselho." Exultantes, o ovacionamos e lhe obedecemos.

Abandonamos a terra que parecia o nosso destino. Alguns poucos preferiram permanecer em Creta. Sem demora, partimos, e as naus, de velas pandas, foram cortando a vasta planície equórea. Quando alcançamos o alto-mar e já não se avistava terra, e tudo era água e céu, uma nuvem escura pairou sobre nós, trazendo a noite e a procela. Então o mar encapelou-se e cobriu-se de pavorosas trevas. Fortes ventos revolviam as águas, levantando ondas gigantescas, que nos dispersaram e impeliram para o imenso pélago. A tempestade toldou o dia e úmida escuridão nos roubou a vista do céu. De nuvens relampejantes estalavam contínuos raios. Jogados fora da rota, vagávamos à toa sobre as ondas. O próprio Palinuro[27] não conseguia acertar o rumo, pois a escuridão era total, não lhe permitindo saber se era dia ou noite. Três dias de intensa cerração erramos sobre o mar, entregues à incerteza, sem estrela que nos guiasse. No quarto dia, apareceu, finalmente, terra, vimos ao longe os montes fumegando. Arriamos as velas e nos pusemos a remar: os barcos avançaram, cortando as águas azuis e deixando atrás uma esteira de espuma.

---

25 *Ílio*. Troia.

26 *Cassandra*. Veja Canto II, nota 22.

27 *Palinuro*. Piloto da nau de Eneias.

Salvos das ondas, acolheu-nos o litoral das Estrófades[28], ilhas de nome grego, situadas no mar Jônio. Nelas viviam a cruel Celeno e as duas outras harpias, depois que haviam sido enxotadas do palácio de Fineu[29], onde tinham morada e mesa farta. Monstro mais horrível, nem peste mais voraz, nem mais temível flagelo divino jamais brotou das águas do Estige[30]. Têm cara de mulher e corpo de abutre com garras aduncas; são pálidas, macilentas e esfomeadas; suas fezes exalam um fedor insuportável. Quando aportamos nessas ilhas, vimos uma bonita manada de bois e cabras pastando no campo, sem pastor que a vigiasse. Abatemos a ferro alguns desses animais e fizemos oferendas a Júpiter e a outros deuses. Depois, arrumamos leitos de palha na praia da enseada e saciamos a fome com ótima e abundante comida.

De repente, descendo das montanhas num hórrido voo, surgem as harpias: batendo as asas com grandes gritos, arrebatando nossos alimentos, emporcalhando tudo com seu asqueroso contato, misturando a seu fedor tétricos grasnidos. Retiramo-nos a uma grande gruta cavada na rocha, em meio a árvores sombrias e novamente acendemos o fogo e montamos as mesas. Elas, porém, saindo de incógnitos esconderijos, de novo, aos gritos, circunvoam as mesas e sujam as iguarias com suas garras imundas e nojentas bocas.

Diante disso, ordeno aos companheiros que peguem as armas para exterminar tão detestável raça. Seguindo minhas instruções, todos escondem na relva espadas e escudos. Mal aparecem sobre-

---

28 *Estrófades*. Duas pequenas ilhas do mar Jônio, a 50 km da costa do Peloponeso (Grécia). Saindo de Creta, a frota de Eneias toma rumo norte e entra no mar Jônio. Sempre navegando a pequena distância da costa ocidental da Grécia, passa por inúmeras ilhas gregas.

29 *Fineu*. Rei da Trácia, região da Grécia. Irritado com as indiscrições de Fineu, Zeus enviou-lhe as harpias, que viviam na entrada do Tártaro.

30 *Estige*. Rio do inferno, na mitologia grega.

voando a praia, a grasnar, Miseno, de atalaia no topo do rochedo, dá o alarme com sua trombeta. Meus companheiros acodem e se empenham numa luta inédita, tentando ferir, a ferro, as sinistras aves marinhas. Os golpes, porém, das espadas, nas asas e no corpo, não lhes fazem mal algum, porque eram invulneráveis. Num voo rápido, fogem, ganham o espaço, depois de mordiscar a babujar a carne dos bois abatidos e deixar atrás de si um rastro asqueroso.

Uma delas, Celeno, pousa num alto rochedo e, qual vate sinistro, grita, indignada: "Além de matar nossos bois e novilhos, nos fazeis a guerra e quereis expulsar do seu reino as harpias inocentes, troianos atrevidos? Pois, ouvi com atenção e gravai bem na memória o que vos digo: o que Júpiter onipotente predisse a Febo e Febo a mim, rainha das Fúrias, vos revelo. Vós demandais a Itália e, com ventos favoráveis, à Itália chegareis, e seu porto vos acolherá. Mas, antes que cerqueis de muros a vossa cidade, em paga do mal que nos fizestes, uma terrível fome vos forçará a roer as próprias mesas."

Diz isso e sai voando em direção à mata, onde se refugia. Súbito medo gela-nos o sangue. Muito abatidos, não mais pensamos em guerra, mas com votos e preces pedimos a paz, sejam elas deusas ou aves de mau agouro. Anquises manda que se façam oferendas para aplacar os grandes deuses. Na praia, de mãos erguidas, assim os implora: "Ó deuses, afastai os males de que fomos ameaçados e protegei os vossos piedosos servos troianos." Ordena soltar depressa amarras e cabos. Noto enfuna as velas e nos afastamos rapidamente da ilha, as naus cortando as ondas espumosas, entregues às mãos dos ventos e do piloto Palinuro.

Logo aparece, à flor da água, Zacinto, ilha coberta de árvores; depois, Dulíquio[31], Samos e Neritos com seus altos rochedos.

---

31 *Dulíquio, Samos, Neritos.* Pequenas ilhas do mar Jônio, situadas a pequena distância da costa ocidental da Grécia.

Evitamos os abrolhos da Ítaca[32], reino de Laertes, cuja terra, berço do cruel Ulisses, amaldiçoamos. Logo em seguida, surgem os cimos enevoados de Leucates[33] e o templo de Apolo, temido pelos navegantes. Cansados, aportamos nessa ilha e subimos ao povoado. Contentes por termos, inesperadamente, encontrado terra amiga, purificamo-nos[34] para prestar honras a Júpiter, acendemos o fogo do altar, fazemos nossos votos ao deus e, com jogos ilíacos[35], festejamos o acciano[36] litoral. Nus e ungidos, nossos companheiros travam as tradicionais lutas troianas. Estamos felizes por termos passado ilesos por tantas cidades e ilhas dos nossos inimigos gregos.

Enquanto isso, o Sol fecha o ciclo de um longo ano[37]? E o inverno com o glacial vento do norte encapela o mar. Na entrada do templo fixo o escudo de bronze do valente Abantes[38] e escrevo embaixo este verso: *Do grego vencedor o arrebatou Eneias.*

Dou ordens para a partida. Os remadores, sentados em seus bancos, impelem, à porfia, as naus, que avançam cortando as águas, rumo ao norte. Perdemos de vista os cumes dos feaces, costeamos o Epiro[39], aportamos na Caônia e subimos à excelsa cidade

---

32 *Ítaca.* Ilha do mar Jônio. Nele reinou Laertes, pai de Ulisses. Segundo Homero, quando partiu para o cerco de Troia, Ulisses era o rei dessa ilha.

33 *Leucates.* Promontório da ilha Leucádia, no mar Jônio. Nele havia um templo de Apolo.

34 Toda cerimônia religiosa era precedida de um ritual de purificação.

35 *Jogos ilíacos.* Jogos praticados em Ílio (Troia).

36 *Acciano.* De Áccio, promontório da ilha Leucádia, onde ocorreu a vitória naval de Otávio sobre Antônio, em 31 a.C., a qual assegurou a Otávio o domínio romano. Em memória dessa vitória, foram instituídas as *Festas Accíacas.*

37 Pensavam os antigos que o Sol circungirava a Terra. Fazia quatro anos que Eneias saíra de Troia.

38 *Abantes.* Herói grego, morto por Eneias no cerco de Troia.

39 *Epiro.* Região do norte da Grécia, banhada pelo mar Jônio.

de Butroto[40]. Corre aqui a incrível notícia de que Priamides Heleno[41] é o rei do Epiro e cônjuge da mulher de Pirro Neoptólemo[42], Andrômaca[43], sua conterrânea. Estupefato e tomado de incontida ânsia de ouvir do próprio Heleno a confirmação do espantoso fato, deixo a frota, atravesso o porto e busco a cidade. Num bosque, à beira de um fictício Simoente[44], encontro, por um feliz acaso, Andrômaca oferecendo ricos manjares e fúnebres presentes e fazendo libações à alma de Heitor[45], que ela invocava, como se as cinzas dele repousassem no túmulo coberto de relva que ela fizera ao lado de dois altares, sobre os quais derramava suas lágrimas. Ao ver-me com minhas armas troianas, atemorizada, atônita, desmaia e cai. Depois de longo tempo, volta a si e murmura: "És tu mesmo que eu estou vendo, ou apenas um mensageiro teu, filho da deusa? Estás vivo? Ou, se a vida evolou-se, onde está Heitor?" pergunta chorando e enchendo o bosque de lamentos. Respondo com poucas palavras às perguntas da desvairada mulher. Conturbado, digo-lhe com voz trêmula:

---

40 *Butroto.* Cidade marítima do Epiro.

41 *Priamides Heleno.* Filho de Príamo. Feito prisioneiro por Ulisses, foi levado para o Epiro por Neoptólemo.

42 *Pirro Neoptólemo.* O grego, filho de Aquiles, que matou Príamo, conforme vimos no canto II. Depois da queda de Troia, desposou sua cativa, Andrômaca, viúva de Heitor. Foi fundador do reino do Epiro.

43 *Andrômaca.* Esposa de Heitor. Depois da queda de Troia, Pirro a levou cativa para o Epiro, onde a desposou. Repudiada por Pirro, tornou-se esposa de Heleno, filho de Príamo e irmão de Heitor.

44 *Fictício Simoente.* Córrego do Epiro, chamado Xanto, que lembrava a Andrômaca o Simoente, rio que passava perto de Troia. No seu recanto do Epiro, Andrômaca cercou-se de coisas que lhe lembrassem a pátria. Veja nota 52.

45 *Heitor,* filho de Príamo, esposo de Andrômaca, foi morto por Aquiles no cerco de Troia.

"Sim, estou vivo, arrastando a vida em meio a extremos perigos. Não duvides, o que vês é real. Ai! depois que a desgraça te arrebatou o nobre esposo, o que te aconteceu? Ou, que merecida sorte te acolheu? Andrômaca[46] de Heitor, ainda estás ligada a Pirro?"

Baixando os olhos, me diz em voz lamentosa: "Oh! muito feliz foi a virgem Polixena[47], imolada sobre o túmulo de seu inimigo, junto aos muros de Troia! Condenada à morte, não passou pelo horror do sorteio das cativas nem foi coagida a partilhar o leito do seu vitorioso dono. Nós, incendiada a cidade, jogadas de mar em mar, sofremos, dando à luz como escravas, o desdém e a brutalidade do filho de Aquiles. Esse tirano, antes de ir para Esparta, a fim de desposar Hermíone[48], entregou-me, escrava, a Heleno, escravo. Mas Orestes[49], inflamado de grande amor pela esposa que lhe foi roubada, enraivecido, o surpreendeu e matou. Morto Pirro, parte do reino ficou pertencendo a Heleno, que chamou a terra de Caônia, do nome de seu irmão Caon. Os morros, para ele, são a cidadela de Troia. Mas que ventos, que fado te trouxeram aqui? Que deus te impeliu ao nosso litoral? Como vai teu filho Ascânio[50]? Escapou dos perigos e vive? Ainda se lembra da mãe, que perdeu quando ainda pequeno? É para ele estímulo à prática das antigas virtudes ser filho de Eneias e sobrinho de Heitor?"

---

46 Após a queda de Troia, Andrômaca foi levada para o Epiro, como escrava de Pirro. Veja notas 42 e 43.

47 *Polixena*. Filha de Príamo. Foi imolada sobre o túmulo de Aquiles.

48 *Hermíone*. Filha de Menelau e Helena. Segundo Virgílio, foi esposa de Orestes e, depois, de Pirro.

49 *Orestes*. Filho de Agamêmnon e Clitemnestra. Matou a mãe para vingar o pai, morto por Clitemnestra por ter sacrificado a filha Ifigênia, irmã de Orestes.

50 *Ascânio*. Apelidado Iúlo. Falou-se desse personagem e de sua mãe, Creusa, no canto II. Veja nota 69.

Tais coisas dizia Andrômaca, entre lágrimas e gemidos, quando, vindo da cidade com sua corte, aparece o herói Heleno, que reconhece os compatriotas troianos[51] e, falando e chorando de alegria, nos conduz ao palácio. Vou andando e reconheço a pequena Troia, simulacro da grande Pérgamo, e o córrego ressequido simulando o rio Xanto[52]. Abraço os umbrais da Porta Ceia[53]. Meus companheiros desfrutam comigo da acolhida amiga. O rei nos recebe em sua grande sala, onde bebemos vinho à farta e nos banqueteamos com iguarias servidas em baixela de ouro. Erguemos as taças e brindamos o anfitrião.

Correm os dias, e doces e favoráveis brisas enfunam as velas, convidando para a partida. Acerco-me de Heleno e lhe pergunto: "Vate[54] troiano, intérprete dos deuses, tu, que recebeste o espírito profético de Febo, que experimentas os êxtases das profetisas e interpretas os efeitos do sagrado louro de Claros[55], tu, que desvendas os presságios dos astros, do canto e do voo das aves, dize-me o que devo fazer, porquanto, os oráculos dos deuses me prognosticaram uma viagem feliz e me persuadiram a buscar as terras longín-

---

51 É estranho o súbito aparecimento dos companheiros de Eneias neste encontro com Heleno. Em nenhum momento Virgílio se refere a eles, desde que Eneias deixou o porto e se encontrou com Andrômaca.

52 *Xanto.* Rio de Trôade, região da Ásia Menor, cuja capital era Troia. Parece-nos que Xanto e Simoente designam o mesmo rio, hoje chamado Menderes.

53 *Porta Ceia.* Porta de entrada de Troia. Era costume abraçá-la quando se voltava de uma viagem.

54 Heleno recebeu de Apolo o dom da profecia. Era adivinho e sacerdote de Apolo. Vate é a pessoa que vaticina.

55 *Claros.* Cidade da Ásia Menor, onde Apolo tinha um templo e um oráculo famoso. Os áugures (adivinhos) faziam suas profecias baseados na queima de ramos de louro: se a chama crepitava, o augúrio era bom; se não crepitava, era mau.

quas da Itália; somente a harpia Celeno me augurou coisas horrendas, fomes terríveis, punições dos deuses. Perplexo, te pergunto: que perigo urge evitar, que meios me aconselhas para superar tantos obstáculos?" Depois de sacrificar um novilho aos deuses para lhes exorar a paz, Heleno retira da cabeça a faixa sacerdotal e, tomando-me a mão, me conduz ao templo de Apolo. Eu estava ansioso de ouvi-lo. Enfim, abrindo a boca profética me diz:

"Filho de Vênus, é fora de dúvida que navegas sob os auspícios dos grandes deuses. Júpiter tem o poder de regular e modificar os acontecimentos. Poucas coisas[56] dentre muitas posso revelar-te para que sulques, mais seguro, desconhecidos mares e possas chegar ao porto itálico. As outras, as parcas proíbem que tu as saibas e de falar sobre elas me impede Juno. Em primeiro lugar, devo dizer-te que longo e difícil caminho te separa da Itália, que pensas ficar perto, das ínvias terras e dos portos aonde pretendes chegar. Antes de construir a cidade em lugar seguro, hás de vergar os remos nas águas que banham a Sicília, navegar pelo salso mar da Ausônia, passar pelo mar Tirreno e costear a ilha de Circe. Dou-te os sinais, grave-os na memória. Quando, ansioso, encontrares, à margem solitária de secreto rio, uma grande porca branca, deitada à sombra de uma árvore, amamentando trinta leitõezinhos brancos recém-nascidos, ali será a cidade, ali o descanso certo de teus trabalhos. Quanto a roer as mesas, nada receies. O que tem que acontecer, acontecerá, e Apolo ouvirá propício as tuas súplicas. Foge, pois, destas terras próximas e do litoral da parte meridional da Itália, banhada pelo mar Jônio: são terras habitadas pelos inimigos gregos. Ali construíram fortificações os narícios e os locros, e o líctio

---

56 Contrariamente ao que afirma, o adivinho vai ser prolixo, detalhista, como adiante se verá.

Idomeneu[57] cercou com seus soldados os campos de Salento; ali existe, cercada de altos muros, a pequena Petília, cujo fundador e chefe é o melibeu Filoctetes. Assim, quando as naus tiverem transposto o mar Egeu, e, erguido o altar, cumprires teus votos na praia, cobre-te a cabeça com purpúrea touca, para que durante o sacrifício em honra dos deuses nenhum rosto hostil perturbe o agouro. Observa sempre esse rito religioso nos sacrifícios. Sigam-no também, fielmente, os teus companheiros e vossos descendentes.

Depois de partires, quando o vento te aproximar do litoral da Sicília, e o estreito do Peloro[58] for se distanciando pouco a pouco de teus olhos, costeia a terra, seguindo à esquerda, em longo circuito[59], afastando-te da costa que fica à direita. Conta-se que este lugar, em eras remotas, sofreu violenta convulsão (O que não muda o passar do tempo?), que o partiu e, pouco a pouco, separou o que antes era uma só terra. O mar irrompeu impetuosamente pela fenda e separou a Sicília da Itália. Formou-se então um estreito canal[60] de águas agitadas, as quais alagam campos e cidades. No lado direito do estreito, ameaça os navegantes Cila[61], no esquerdo, o implacável Caribde[62], que três vezes absorve no fundo

---

[57] *Idomeneu* e *Filoctetes* são chefes gregos estabelecidos no sul da Itália. *Salento* e *Petília*: cidades do sul da Itália.
[58] *Peloro.* Promontório (ou cabo) no norte da Sicília, hoje *Capo di Faro.*
[59] *Em longo circuito.* Contornando o litoral sul da Sicília.
[60] *Estreito canal.* É o atual estreito de Messina, que separa a Sicília da Itália peninsular e liga os mares Jônio e Tirreno.
[61] *Cila.* Rochedo e escolho do estreito de Messina, defronte de Caribde.
[62] *Caribde.* "Temível sorvedouro no estreito de Messina, terror dos antigos navegantes, que, se conseguiam dele escapar, iam bater contra o rochedo de Cila. Daí a expressão proverbial *estar entre Cila e Caribde* ou *fugir de Cila para cair em Caribde,* isto é, estar entre um mal e outro pior, ou fugir de um perigo e expor-se a outro maior" (*Pequeno Dicionário Koogan Larousse*). Virgílio personificou Caribde e principalmente Cila. Assim fez Camões no poema épico *Os Lusíadas,* no qual transformou o cabo das Tormentas (sul da África) no terrível gigante Adamastor.

do abismo as ondas e três vezes as arroja para o alto, açoitando os ares. Caverna com cegos esconderijos, Cila arreganha a boca e atrai as naus ao rochedo. Tem cara de homem e, do colo ao púbis, belo corpo de virgem; a parte posterior é de enorme baleia com cauda de delfim e útero de loba. Uma vez dobrado o cabo Paquino[63], é melhor ir avançando devagar ao redor da ilha do que encarar, uma só vez, a pavorosa Cila no submerso antro e seus ressoantes rochedos parecendo latidos de cães submarinos. Além disso, se me consideras um homem prudente, se, como vate, mereço fé, se Apolo me insufla verdadeiro espírito profético, uma coisa te recomendo, Eneias, uma coisa, repito, te recomendo: venera e invoca a excelsa Juno[64]; dirige-lhe, de bom grado, preces, súplicas e votos, a fim de aplacar a cólera da poderosa deusa. Se assim procederes, uma vez ultrapassada a Sicília, haverás de chegar vitorioso à Itália.

Quando chegares a Cumas[65] e fores aos lagos Lucrino e Averno[66], no seio de rumorosa mata, encontrarás uma profetisa delirante que, do alto de um rochedo, faz seus vaticínios escrevendo-os nas folhas de certa árvore. Depois, a virgem os coloca em ordem e os deixa encerrados numa gruta. Mas, se uma aragem abre a porta da gruta e espalha as folhas, misturando-as, a virgem as deixa flutuar pela caverna e não se dá ao trabalho de as recolher e recompor os vaticínios nelas escritos. E as pessoas, que não tiveram resposta às suas consultas, retiram-se amaldiçoando a caverna e a Sibila. Mesmo que teus companheiros se queixem de tua demora e

---

63 *Paquino.* Cabo no sul da Sicília.

64 Juno, como vimos no canto I, era inimiga dos troianos.

65 *Cumas.* Cidade do sul da Itália.

66 *Averno.* Lago da Itália, perto de Nápoles. Dele escapam emanações sulfurosas. Era considerado a entrada do Inferno. Nas suas margens situava-se a caverna da Sibila de Cumas.

os ventos soprem à feição, enfunando as velas, convidando a navegar, não partas de Cumas sem antes procurar a Sibila e lhe suplicar seu oráculo. Ela te atenderá, benigna: há de informar-te sobre os povos da Itália e as guerras que enfrentarás; ensinar-te-á como evitar trabalhos e sofrimentos e como neles te comportares. Vai e pede-lhe uma viagem feliz, que ela te atenderá. Essas são as coisas que me é lícito prognosticar. Anda! Com teus feitos, eleva Troia aos céus."

Depois de ter amavelmente predito esses acontecimentos, o vate manda levar às naus preciosos presentes de ouro e de marfim, enche os porões de utensílios de prata e vasos de Dodona[67]. Presenteia meu pai com a armadura de Pirro: uma couraça com fios de ouro e um capacete com penacho. Heleno ainda nos doa cavalos, fornece-nos pilotos e remadores e provê de armas os meus companheiros.

Anquises manda que as naus se aprontem sem demora, que o vento está favorável. Heleno respeitosamente o interpela: "Digno esposo de Vênus, Anquises, benquisto dos deuses, duas vezes salvo do incêndio de Troia, a Itália está à tua espera: busca-a depressa. Mas para chegar lá é preciso transpor o mar. Fica distante a terra que Apolo te reserva. Vai, ó venturoso pai de tão virtuoso filho! Para que me alongar mais? Falando, não detenho o Austro[68], que já surge."

Não menos bondosa se mostra Andrômaca, triste com a nossa partida e derradeira despedida. Traz para Ascânio[69] uma clâmide[70]

---

[67] *Dodona.* Cidade do Epiro. Os sacerdotes do templo de Zeus penduravam vasos de bronze nos carvalhos de um bosque ou mata que ali existia, e os percutiam, proferindo seus vaticínios de acordo com os sons que os vasos emitiam.
[68] *Austro.* Vento que sopra do sul.
[69] *Ascânio.* Virgílio refere-se a Ascânio (Iúlo) no fim do canto II, mas não diz que o menino o acompanhou na viagem.
[70] *Clâmide.* Manto preso ao ombro por um broche, usado pelos antigos gregos e romanos.

frígia, roupas bordadas com fios de ouro, finos estofos e tecidos. E assim fala: "Recebe estes presentes que fiz para ti, Iúlo; que eles te façam lembrar de mim e testemunhem o grande amor que tem por ti Andrômaca, esposa de Heitor. Aceita os últimos presentes desta parenta, Iúlo, ó minha única imagem de meu Astianax[71]! Ele tinha teus olhos, tuas mãos, teu rosto. E hoje ele seria um adolescente da tua idade."

Ao despedir-me deles, não consigo conter as lágrimas e lhes digo: "Sede felizes! O curso do vosso destino se concluiu. Nós, pelo contrário, teremos de enfrentar as vicissitudes e a volubilidade das coisas. Desfrutais o merecido descanso. Não tereis de navegar nem de buscar as terras da Itália, que parecem fugir de nós. Podeis contemplar os simulacros de Xanto e de Troia, obras vossas, que desejo sejam imunes às ciladas dos gregos. Se algum dia eu conseguir chegar ao Tibre e penetrar na planície que ele banha, se me for dado ver as cidades prometidas à minha gente, das cidades e dos irmãos do Epiro e da Itália faremos uma só Troia, grande e unânime. Que nossos netos alimentem e realizem este ideal."

Navegamos junto à costa do Epiro, até o promontório dos montes Cerâunios[72]. Dali à Itália o percurso por mar é muito curto[73].

Entretanto, o sol se põe e os montes vão-se cobrindo de sombras. Sorteados os remadores[74], deitamo-nos no desejado regaço

---

71 *Astianax.* Filho único de Andrômaca e Heitor. Morreu no incêndio de Troia ao precipitar-se do alto de uma torre. Segundo alguns, foi precipitado do alto de uma torre por ordem de Ulisses.

72 *Montes Cerâunios.* Situados no Epiro. Avançam até o mar Jônio, onde formam um promontório.

73 O Epiro estava situado no norte da Grécia atual, banhada pelo mar Jônio; fronteiro ao chamado "calcanhar da Itália".

74 Ao anoitecer, os troianos sorteavam os remadores (ou remeiros) que deviam trabalhar no dia seguinte.

da terra, espalhados à beira do mar, a fim de refazermos as forças. Logo um sono profundo apodera-se de nossos corpos cansados.

Ainda não era meia-noite, quando Palinuro[75] se levanta às pressas do leito, verifica a direção do vento, perscruta o espaço e observa todas as estrelas que deslizavam no céu silente: o tempestuoso Arturo, as Híadas, as duas Ursas, anunciadoras de chuvas, e Orion, armado de sua espada de ouro[76]. Certificado de que tudo no céu sinalizava tempo sereno, do alto da popa dá o sonoro toque de levantar. Recolhemos as barracas, colocamos as naus no rumo certo e desfraldamos as velas ao vento.

Já a rósea aurora afugentava as estrelas, quando ao longe avistamos as colinas de contornos embaçados e a costa baixa da Itália[77]. "Itália!" grita, primeiro, Acates. "Itália!" bradam, exultantes, meus companheiros. Então meu pai Anquises enfeita e enche de vinho uma grande taça e, em pé, na popa, invoca os deuses:

"Deuses do mar e da terra, senhores das tempestades, concedei-nos ventos favoráveis e feliz navegação!"

Sopram mais intensas as desejadas auras, o porto aparece mais próximo, no alto de uma colina vê-se o templo de Minerva. Amainam-se[78] as velas, as proas embicam para o litoral. O porto, voltado para o nascente, tem forma de arco. As ondas espumam,

---

[75] *Palinuro.* Piloto da nau de Eneias. Passou a designar um piloto hábil e seguro: um palinuro.

[76] Os navegantes se guiavam pelas estrelas. Quando as viam nítidas no céu, significava que a atmosfera estava limpa, sinal de bom tempo. Veja canto I, nota 119.

[77] *A costa baixa da Itália,* no golfo de Tarento. Eneias não seguiu a recomendação de Heleno: "Foge do litoral meridional da Itália." Não era ali o fim da viagem marítima. Eneias devia ainda descer até o sul da Sicília, contornar essa ilha até a ponta ocidental, ir a Cartago para se encontrar com a rainha Dido e, finalmente, subir até a foz do rio Tibre.

[78] *Amainam-se.* Colhem-se, retiram-se.

aspergindo os rochedos, que parcialmente o escondem. Dois deles, enormes, parecendo torres, estendendo seus braços como duplas muralhas. Já, em terra, à medida que avançamos, parece que o templo se afasta da praia. Primeiro agouro: vejo, ao longe, quatro cavalos brancos pastando num prado. Comenta meu pai Anquises: "Anuncias a guerra, terra hospitaleira. É para guerrear que se usam os cavalos. Esses animais nos ameaçam com a guerra. Contudo, às vezes, atrelados e acostumados ao freio e ao jugo, servem para puxar carros. Há, portanto, esperança de paz." Imploramos a proteção da armíssona Minerva[79], a primeira deusa que acolheu nossos gritos de alegria. Depois, cobrimo-nos a cabeça com uma touca frígia, como Heleno pediu, e, seguindo seu insistente conselho, prestamos honras à argiva Juno[80], queimando incenso diante do altar. Prestada a nossa homenagem à deusa, reviramos, imediatamente, as pontas das antenas das velas e abandonamos depressa aquela terra suspeita, habitada por gente grega. Dali se avista o golfo de Tarento e a cidade, edificada por Hércules, se a crença é verdadeira. Em frente se destacam o templo de Juno Lacínia[81], as muralhas de Caulônia[82] e a navífraga Silaceu[83]. Distante, avistamos o Etna[84], que parece nascer do mar siciliano, ouvimos, de longe, os gemidos do pélago quebrando-se nos rochedos,

---

79 *Armíssona Minerva*. Literalmente: Minerva que faz ruído com as armas. Minerva ou Palas, deusa das artes, da sabedoria e da guerra. Representa-se armada de lança, couraça, escudo e capacete.

80 Veja nota 64.

81 *Juno Lacínia*. Isto é, Juno venerada no promontório de Lacínio, onde ela tinha um templo.

82 *Caulônia*. Colônia grega no sul da Itália.

83 *Cidade do sul da Itália*. Como não tinha porto, as naus que ali chegavam frequentemente naufragavam. Daí chamá-la Virgílio de "navífraga".

84 *Etna*. Vulcão da Sicília, tem 3.345m. Devido à sua grande altura, podia ser visto do ponto onde a frota troiana se encontrava.

os bramidos das fragas açoitadas pelas ondas, que vão morrer na praia. Ferve o mar em turbilhões e remoinhos de água e areia. E meu pai Anquises: "Esse rochedo é, sem dúvida, Caribde[85]; esses, não há dúvida, os abrolhos, o horrendo penhasco de que nos falou Heleno. Arrancai-nos daqui, companheiros, e vós também, remadores!" Obedecendo à minha ordem, Palinuro, primeiro, vira para a esquerda a proa, que ruge. Toda a frota o acompanha na manobra. Ondas gigantescas nos atiram para o alto e, logo em seguida, nos lançam no báratro. Três vezes ronca a sáxea caverna dos escolhos; três vezes vimos a espuma espadanar e borrifar os ares.

Finalmente, ao pôr do sol, cessou de todo o vento, e, exaustos, perdidos e à deriva, fomos parar no litoral dos Ciclopes[86]. O porto é grande e abrigado dos ventos, mas próximo dele estronda o Etna com devastadoras e terríveis erupções. Umas vezes, lança ao céu negras nuvens de fumaça e turbilhões de cinza e pês e jatos de chamas que lambem o firmamento; outras, vomita pedras arrancadas das entranhas do monte e, gemendo, lança lavas ao ar e ferve furiosamente nas profundezas. Diz-se que sobre o corpo de Encélado[87] semiqueimado por um raio, pesa a mole ingente do Etna, de cujas fornalhas o fogo irrompe. Sempre que, vencido pelo cansaço, o gigante muda de lado, toda a Sicília estremece ruidosamente e tolda o céu de fumaça. Naquela noite, ocultos na selva, percebemos fenômenos horrendos, contudo, sem que pudéssemos descobrir a causa de misteriosos estrondos, pois nem os astros brilhavam,

---

85 Veja notas 61 e 62. Anquises deveria ter dito: "Esse sorvedouro" e não "esse rochedo".

86 *Ciclopes.* Eram gigantes que habitavam a costa leste da Sicília, perto do vulcão Etna. Tinham um só olho, redondo e situado na testa.

87 *Encélado.* Gigante que tentou escalar o Olimpo. Júpiter o fulminou e sepultou sob o Etna.

nem o ar luzia, uma vez que as nuvens tapavam o céu, e a noite borrascosa escondia a Lua.

Na manhã do dia seguinte, a Aurora já tinha dissipado as úmidas sombras, quando de repente surge da mata estranha figura de homem, extremamente magro, de aspecto deplorável, a estender, suplicante, as mãos para a praia. Atônitos, o examinamos: sujo, imundo, a barba intonsa, andrajos cosidos com espinhos; além disso, grego, daqueles que haviam combatido contra Troia. Ao ver, pelo nosso trajo e pelas nossas armas, que éramos troianos, deteve-se um momento, atemorizado, sem poder dar um passo. De repente, precipita-se em direção à praia, chorando e nos suplicando: "Pelos astros, pelos deuses, pelo ar que respiro, tirai-me deste lugar, troianos, e levai-me para onde quiserdes me levar, que eu me darei por satisfeito. Sei que fui da armada grega e confesso que, naquela guerra, ataquei os lares e os penates de Ílion. Pelo quê, se achardes que tão grande crime não merece o vosso perdão, atirai-me nessas águas, submergi-me no vasto mar. Se morrer, pelo menos terei o consolo de morrer em mãos de homens."

Dizendo isso, joga-se aos meus pés e abraça-me os joelhos. Instamos com ele para que nos diga quem é, qual a sua raça, que infortúnio o persegue. Meu pai Anquises estende-lhe logo a destra, gesto que encoraja o desconhecido. Perdido o medo, assim nos fala o homem:

"Ítaca[88] é minha pátria. Sou Aquemênides, companheiro do infeliz Ulisses. Filho de pai pobre, Adamasto, parti para Troia. Prouvesse aos deuses que, embora pobre, tivesse ficado em casa! Enquanto fugiam, pávidos, deste horribilíssimo lugar, meus companheiros deixaram-me, esquecido, no vasto antro do Ciclope, uma

---

88 *Ítaca.* Ilha grega, no mar Jônio. Ulisses era o rei dessa ilha, quando partiu para o cerco de Troia.

imensa caverna escura, cheia de podridão e de carniça sangrenta. O monstro que nela vive é tão alto que chega a tocar os astros (ó deuses, bani da face da Terra essa peste!). É tão horrendo que não se tem coragem de olhá-lo ou de lhe falar. Alimenta-se das entranhas e do sangue escuro de suas vítimas. Eu mesmo o vi, deitado no meio da caverna, despedaçar numa pedra, com suas manzorras, dois corpos de nossos companheiros; vi o sangue esguichar e inundar a espelunca. Eu o vi devorar os membros sangrentos de suas vítimas e as carnes delas palpitarem entre seus dentes.

Mas não ficou impune o monstro. Ulisses, rei de Ítaca, não suportou tais barbaridades nem se esqueceu de seus companheiros expostos a tão grave perigo. Assim que o Ciclope, atulhado de comida e imerso em vinho, inclinou a cabeça e estendeu o corpanzil no chão da caverna, lançando sangue podre e fragmentos de carne misturados com vinho, nós, invocados os grandes deuses e escolhidos por sorteio os que deviam realizar a façanha, acometemo-lo juntos com aguda lança e lhe furamos o olho enorme, pois só possuía um na torva testa, redondo como um escudo argólico ou como a lâmpada de Febo. Assim, felizes, vingamos nossos companheiros mortos.

Mas, fugi, infelizes, fugi depressa! Desatai as amarras das naus e afastai-vos deste litoral. Tais como Polifemo, que na sua caverna as ovelhas encerra e ordenha, cem outros execráveis ciclopes habitam este recortado litoral e vagam pelos montes. Já pela terceira vez iluminou-se a Lua desde que estou arrastando a vida na selva, entre covis de feras. Do alto de um rochedo espreito os ciclopes e tremo de medo quando ouço a sua voz e o barulho de seus passos. Meu vil alimento são bagas, duras frutas silvestres e raízes de ervas que eu arranco. Percorrendo com a vista estes ermos, descobri vossas naus se aproximando, as primeiras que vejo chegar a este litoral. Fossem de quem fossem, resolvi entregar-me a elas, pois o meu grande anseio é fugir e me ver livre desta monstruosa gente. Agora, tirai-me a vida do modo que vos aprouver. Prefiro a morte a ficar aqui."

Mal acabara de falar, quando vimos, no alto de um morro, o próprio pastor Polifemo movendo-se, entre seu rebanho, com sua gigantesca corpulência, dirigindo-se à conhecida praia: monstro horrendo, disforme, colossal, o olho vazado. Na mão, um galho de pinho, em que se apoiava e que o guiava. Acompanhavam-no peludas ovelhas, seu único prazer, consolação também na sua desgraça. Chegando ao mar, Polifemo foi entrando na água até atingir boa profundidade; lavou o sangue do olho vazado, rangendo os dentes de dor e gemendo. Depois avançou até o alto-mar sem que as ondas lhe molhassem os quadris, tão desmedida era a estatura dele.

Acolhemos o grego a bordo, pois ele o merecia. Com medo de Polifemo e dos outros ciclopes, apressamos a fuga. Cortamos as amarras em silêncio e, remando à porfia, deslizamos sobre o mar. Polifemo, ouvindo nossas vozes, veio em nossa direção, mas como não podia alcançar-nos com as mãos nem igualar em altura a profundidade do mar Jônio, deu tão grande grito que estremeceu o mar, sacudiu e apavorou a terra da Itália e fez o Etna rugir em suas profundas cavernas. Alarmados com o tumulto, os ciclopes desceram dos montes e das selvas e, precipitando-se em tropel até o litoral, encheram a praia. Nós os vimos de pé, lançando-nos, em vão, olhares ferozes, aqueles irmãos do Etna, horrendo bando de monstros, cujas cabeças desafiavam o céu: tais se elevam com suas altas copas os carvalhos nas florestas de Júpiter ou os coníferos ciprestes nos bosques de Diana.

Um medo atroz nos forçou a desamarrar as velas e estendê-las ao vento favorável, a fim de fugir para qualquer porto. Lembrando-nos, porém, do aviso de Heleno, que nos recomendava fugir de

Cila e Caribde, um e outro fatais, decidimos voltar atrás[89]. Eis que Bóreas começou a soprar pelo estreito promontório de Peloro e nos fez ultrapassar a foz do rio Pantago, aberta em rocha viva, o golfo de Megara e a ilha de Tapso. Todos os acidentes daquele litoral, que ele já percorrera, nos ia mostrando Aquemênides, companheiro do infeliz Ulisses.

No golfo de Sicília[90], defronte do cabo Plemírio, batido pelas ondas, estende-se uma ilha que os antigos chamavam Ortígia. Conta-se que o rio Alfeu[91], que nasce na Grécia, passando por secretos caminhos, debaixo do mar, irrompe nesta ilha. Hoje ele mistura suas águas com as tuas no mar siciliano, ó Aretusa!

Acatando as ordens de Anquises, oferecemos sacrifícios às divindades veneradas nesse lugar. Em seguida, ultrapassamos a fertilíssima planície banhada e alagada pelo rio Heloro e costeamos os altos penedos de Paquino. Ao longe, aparece Camarina, cidade que os oráculos não permitem que mude de lugar[92]. Aparecem também os campos e a grande cidade de Gela, que tomou o nome do rio que a corta.

---

89 Voltar atrás, isto é, prosseguir a viagem rumo ao sul, no que foram ajudados pelo Bóreas, vento que sopra do norte. A frota de Eneias vai, pois, no rumo certo, costeando o litoral leste da Sicília, em seguida, o lado sul, até chegar a Drépano (hoje *Trapani*), no extremo ocidental da ilha. Daqui é que a frota troiana, joguete de uma tempestade, veio parar na costa da Líbia, na África, conforme vimos no canto I.

90 *Golfo de Sicília*. É o atual golfo de Siracusa, na costa leste da ilha.

91 Dizia-se que esse rio da Grécia, enamorado de Aretusa — uma ninfa que, para se ver livre dele, fugira para Ortígia, onde foi transformada em fonte por Diana — a seguiu, passando sob o mar, e misturou suas águas com as de Aretusa, numa íntima união amorosa.

92 *Camarina*. Cidade da costa meridional da Sicília. O oráculo de Delfos havia proibido que os habitantes dessa cidade mudassem de lugar por causa de um lago de águas pestilentas situado nos arredores.

Mais adiante, ostenta suas muralhas a cidade de Agrigento, onde se criavam, outrora, robustos cavalos. Impelido pelos ventos, deixo-te para trás, Selino, com tuas belas palmeiras! Ultrapasso os abrolhos do cabo Lilibeu e logo me recebem o porto de Drépano e seu triste litoral. Ali, maltratado no mar por tantas tempestades, perdi meu pai Anquises, meu único conforto nas preocupações e desgraças. Abandonaste-me ali, amado pai, cansado de lutar, exposto a mil perigos! Nem o adivinho Heleno, que de tantas coisas horríveis me alertou, nem a cruel harpia Celeno me vaticinaram tão triste e doloroso fato. Esta foi a minha última desventura, este o termo de minhas longas navegações. Desse porto um deus me trouxe às vossas praias, cartagineses[93]".

Assim o príncipe Eneias relatava a seus atentos ouvintes os acontecimentos determinados pelos deuses e suas longas viagens pelo mar. Calou-se, enfim, e, concluída a longa narrativa, descansou.

---

93 Não esquecer que Eneias relatou os acontecimentos à rainha Dido e aos seus súditos, em Cartago. Veja início do canto II.

CANTO IV

No entanto, a rainha, logo que Cupido a deixou, dominada por viva inquietação amorosa, alimenta a ferida no coração e inflama-se de cega paixão por Eneias. Não lhe saem do pensamento a grande coragem e a nobre estirpe do herói. Ficam-lhe fixos no peito seu aspecto, suas palavras. Essa obsessão amorosa não lhe permite um repouso tranquilo.

Já a seguinte aurora havia dissipado as úmidas sombras e a lâmpada de Febo iluminava a Terra, quando Dido, perturbada, diz a sua querida irmã:

"Ana, minha irmã, que pesadelos seriam esses que me afligem e atemorizam? Que estranho hóspede é esse que entrou em nossa casa? Que bela aparência a dele! Que coragem, que proezas na guerra! Estou convicta de que sua origem é divina. O medo revela os espíritos limitados, os homens pusilânimes. Ai! Que destino adverso teve de enfrentar! Que terrível guerra ele nos descreveu! Se eu não mantivesse o firme propósito de não me unir a homem algum pelo vínculo conjugal, depois que a morte me roubou o meu primeiro amor, deixando-me frustrada, se o tálamo e as tochas nupciais[1] não me causassem enfado, talvez sucumbisse a essa

---

1 "Entre os romanos, a noiva era conduzida à casa do noivo à luz de tochas." (Goelzer)

única fraqueza. Confesso-te, Ana: depois da morte de meu infeliz esposo Siqueu[2], depois que um cruel fratricídio manchou de sangue o nosso lar, esse homem foi o único que mudou meus sentimentos e incitou a minha vontade indecisa: sinto os sintomas da antiga chama do amor. Contudo, quero antes que a terra se abra a meus pés, ou que o Pai onipotente me fulmine e lance nas sombras do Érebo[3], na profunda noite, do que te violar, Pudor, ou transgredir tuas leis. Aquele que me uniu a si primeiro levou os meus amores: tenha-os consigo e guarde-os no sepulcro." Diz isso Dido e chora copiosamente, as lágrimas inundam-lhe o seio.

Responde-lhe Ana: "Ó irmã, mais querida para mim do que a luz, porventura vais passar a juventude viúva e triste? Nunca hás de conhecer a alegria de ter filhos e os prazeres de Vênus? Pensas que as cinzas e os manes dos mortos se importam com isso? Concordo em que, no passado, triste e traumatizada com a morte de Siqueu, tenhas rejeitado pretendentes, primeiro em Tiro[4] e depois na Líbia[5], e, há pouco, Jarbas[6] e outros chefes vitoriosos de tribos africanas. Mas vais rejeitar também um amor que tanto te seduz? Não te preocupa morar num país como este? De um lado te cercam as povoações dos gétulos[7], povo imbatível na guerra, os indômitos númidas e a inóspita Sirte; do outro, um árido deserto e os furiosos

---

2 No canto I, vimos que Siqueu foi assassinado por Pigmalião, irmão de Dido.

3 *Érebo.* Na mitologia, o Inferno.

4 *Tiro.* Importante cidade da Fenícia. *Tírio* é sinônimo de *fenício.* Dido nascera em Tiro e fugira para a Líbia, como vimos no canto I.

5 *Líbia.* África. Em Virgílio, África setentrional.

6 *Jarbas.* Rei da Getúlia, país ao sul da Numídia. Cedeu ou vendeu parte de seu território a Dido.

7 *Gétulos,* habitantes da Getúlia; *númidas,* habitantes da Numídia; *barceus,* tribo nômade ao sul da Líbia; *Sirte,* região costeira e árida da África setentrional.

barceus, nômades temidos. E que direi dos ataques de Tiro e das ameaças de teu irmão Pigmalião? Acredito que foi sob os auspícios dos deuses e com a ajuda de Juno que o vento impeliu a frota troiana à costa líbia. Que cidade, Dido, que reino verás surgir com esse casamento! Com o auxílio das armas troianas, crescerá a glória de Cartago, coroando-se de brilhantes feitos. Tu somente pede o favorecimento dos deuses, oferecendo-lhes sacrifícios, ocupa-te com os deveres da hospitalidade, busca pretextos para reter Eneias até que a borrasca e o pluvioso Orion se enfureçam e agitem o mar, as naus sejam destroçadas e o tempo fique totalmente hostil à navegação." Com essas palavras inflama-lhe o coração já abrasado de amor, alenta-lhe o ânimo e a esperança e dissipa-lhe o pudor.

Primeiro Dido e Ana se dirigem aos templos e imploram a paz ante os altares. Em seguida, imolam, conforme os ritos, seletas ovelhas à legisladora Ceres, a Febo, a Baco e, antes de todos, a Juno, patrona dos vínculos conjugais. Ela mesma, a formosíssima Dido, tendo na destra uma taça de vinho, a entorna entre os chifres de uma novilha branca, ou então, diante das imagens dos deuses, circunda gravemente os altares banhados de sangue; renova cada dia as oferendas e, em ansiosa expectativa, consulta as palpitantes entranhas nos peitos abertos das vítimas. Ah! vã ciência dos adivinhos! A um coração apaixonado de que servem votos, templos? Entretanto, a chama do amor consome-lhe o íntimo do ser e cresce-lhe no peito oculta ferida. Abrasada de louco amor, a infeliz Dido vaga por toda a cidade, qual corça incauta ferida, de longe, pela flecha do pastor que a perseguia nos bosques de Creta e que, sem saber[8], lhe deixou o ferro cravado na ilharga, e ela, na fuga, percorre bosques e matas, levando no corpo a arma letal.

---

8 *Eneias* também não sabe que feriu de amor o coração de Dido.

Às vezes leva Eneias consigo à cidade, mostra-lhe as riquezas trazidas de Tiro e as obras realizadas na urbe. Começa a falar, mas não consegue terminar a frase. Outras vezes, no final do dia, intenta repetir o banquete da véspera e, louca, pede-lhe que narre de novo os sofrimentos dos troianos. Eneias a atende e ela escuta-o, embevecida, suspensa dos lábios dele. Depois, quando os hóspedes se retiram e os dois se separam — a Lua já pálida e as estrelas, declinando para o horizonte, convidam ao sono —, Dido, sozinha na casa deserta, se entristece e deita-se no leito[9] antes ocupado por Eneias. Em sua quente imaginação, ela vê e ouve Eneias ausente, ou aperta em seu regaço Ascânio, viva imagem do pai, para, assim, iludir a torturante paixão.

O amor de Dido tudo paralisa. As torres iniciadas não se alteiam; a juventude não se exercita no uso das armas; estão paradas as obras do porto e as fortificações para a defesa da cidade na guerra; permanecem paralisadas as construções bem como as enormes muralhas e seus andaimes, que se elevam ao céu.

Quando Juno, a amada esposa de Júpiter, viu que Dido estava presa nas malhas de tão grave mal, que estava sacrificando a reputação na ara da paixão, dirigiu-se a Vênus nestes termos: "Sem dúvida, grande louvor e magníficos despojos conseguistes tu e teu filho. Grande e memorável glória é dois deuses vencerem uma mulher pela astúcia. Não me passa despercebido que temes a cidade que eu protejo e que suspeitas da hospitalidade da grande Cartago. Mas como acabará tudo isso? Que lucramos com nossa acirrada rivalidade? Por que, antes, não ajustamos uma paz eterna e um sólido himeneu? Conseguiste tudo que desejavas: Dido se abrasa no amor, violenta paixão lhe impregna os ossos. Governemos, pois, com igual autoridade o destino dos dois povos, unidos

---

[9] *Leito.* Espécie de sofá em que os convivas se reclinavam nos banquetes.

num só. Permite que Dido sirva a um esposo frígio e que este possa levar o povo cartaginês a teu poder, como dote."

Vênus percebe a astuciosa intenção de Juno, a fim de desviar para a Líbia o reino da Itália. Responde à sua rival: "Quem seria tão insensato para recusar tua proposta e preferir brigar contigo? Só falta que a sorte favoreça teus planos. Mas duvido que o destino permita o que propões e que Júpiter consentirá que se juntem numa só cidade cartagineses e fugitivos de Troia, e se aprovará mescla de povos e esse tipo de aliança. Tu és sua esposa. Cabe a ti conquistar sua aquiescência com teus rogos. Anda! Eu te seguirei." Diz, por sua vez, a régia Juno:

"Eu me encarregarei disso. Agora escuta-me: explicar-te-ei, em poucas palavras, o que é urgente fazer e como fazê-lo. Eneias e a infeliz Dido se preparam para caçar na mata, amanhã, aos primeiros raios do Sol. Enquanto os caçadores avançam, ao lado dos dois, e estendem as redes para apanhar a caça, eu lançarei sobre eles uma negra tormenta de chuva e granizo e abalarei com trovões todo o firmamento. Os companheiros fugirão e se dispersarão envoltos em opacas trevas, enquanto Dido e o chefe troiano irão abrigar-se na mesma caverna. Eu estarei ali e, se me asseguras o teu consentimento, eu mesma os unirei em duradouro conúbio e a entregarei a Eneias, na presença de Himeneu[10]." Vênus anuiu ao pedido de Juno e riu da original artimanha.

Entretanto, a Aurora, levantando-se, deixou o oceano. Ao nascer do Sol, a flor da juventude líbica sai das casas, levando redes de malhas largas, cordas, chuços. Chegam em desabalada carreira cavalos massilos[11], acompanhados de cães farejadores. Na frente

---

10 *Himeneu.* Deus do casamento.

11 *Massilo.* Dos massilos, povo que habitava a parte oriental da Numídia, na África.

do palácio real veem-se os chefes cartagineses à espera da rainha, que se demora no leito. Diante da porta, seu cavalo, ricamente ajaezado, morde, impaciente, os freios espumosos. Eis que vem chegando, finalmente, Dido, acompanhada de numeroso séquito. Veste uma clâmide sidônia com a orla bordada; traz o cabelo enrodilhado, envolto em áurea redezinha; um broche de ouro prende-lhe o vestido de púrpura; pende-lhe do ombro uma aljava de ouro. Acompanham-na também os troianos e, entre eles, Iúlo, gracioso e feliz. Entre um grupo e outro, sobressai Eneias, o mais belo de todos. Qual Apolo, quando, no fim do inverno, abandona a Lícia[12] e as águas do Xanto e se dirige para a pátria Delos, onde instaura os coros — misturados em torno dos altares, se agitam cretenses, dríopes e agatirsos pintados — e onde percorre os cumes de Cinto, o cabelo preso por tenro e verde ramo, a cabeça encimada de coroa de ouro, ao ombro o carcás prenhe de setas ressonantes, tal anda Eneias, belo e garboso, a nobreza irradiando de seu rosto.

Depois que chegam a altos montes e ínvias matas, eis que as cabras selvagens, precipitando-se de fragosos cumes, correm montanha abaixo, enquanto manadas de cervos abandonam os montes e atravessam os campos em pulverulenta fuga. Nos vales, exulta em seu fogoso cavalo o menino Ascânio, ultrapassando, na corrida, ora a uns, ora a outros, e faz votos que lhe apareça, entre aquelas tímidas manadas, um espumejante javali ou que um fulvo leão desça dos morros.

De repente, começam a estremecer o céu estrondosos trovões, seguidos de chuva e granizo, obrigando a comitiva cartaginesa, os jovens troianos e o neto de Vênus, dispersados pelo medo, a buscar,

[12] *Lícia.* Região que ficava ao sul da atual Turquia. *Xanto,* aqui, não é o rio de Troia. *Delas,* ilha do mar Egeu. *Agatirsos,* povo que habitava o norte do mar Negro e do Cáucaso e que se pintava o corpo e cultuava Apolo.

ao acaso, abrigo nos campos. Descem rios dos montes. Dido e Eneias abrigam-se na mesma caverna. A deusa Terra, primeiro, e Juno, protetora do himeneu, dão o sinal de que as núpcias estão sendo celebradas: brilham os relâmpagos[13] e inflama-se o éter, testemunha do consórcio, e no cimo dos montes as ninfas fazem um grande alarido. Esse dia foi o começo da morte de Dido e a causa principal de sua desgraça. Com efeito, nem a reputação, nem o decoro, nem as aparências lhe importam. Já não pensa num amor furtivo. Chama-lhe matrimônio. Com esse nome pretende disfarçar sua culpa.

Logo voa a Fama[14] pelas grandes cidades da Líbia, a Fama, o mais veloz de todos os males; cresce com a mobilidade e se fortalece correndo. A princípio, pequena e tímida, logo depois, remonta aos ares e, com os pés no chão, esconde a cabeça nas nuvens. Conta-se que sua mãe, a deusa Terra, irritada com a ira dos deuses, a gerou, última irmã de Ceo e Encélado[15], rápida por seus pés e incansáveis asas, monstro horrendo, enorme, o corpo coberto de penas, debaixo das quais (oh maravilha!) tem mil línguas, mil bocas faladeiras e mil orelhas fitas, sempre à escuta. De noite, estendendo, no escuro, suas ruidosas asas, voa entre o céu e a terra, sem nunca fechar os olhos para o doce sono. De dia, fica de sentinela nos telhados das casas ou nas altas torres dos palácios e aterroriza as grandes cidades, tão obstinada mensageira da mentira e do mal como da verdade. Agora se deleitava em difundir entre os povos inúmeros rumores, apregoando, sem distinção, o que havia e o que não havia: que havia chegado Eneias, um troiano, a quem

---

13 Os relâmpagos simbolizam as tochas que se levavam no cortejo nupcial, e os gritos das ninfas, o canto nupcial.

14 *Fama*. Uma divindade, filha da deusa Terra, que espalha as notícias e os boatos.

15 *Ceo*, um titã; *Encélado*, um gigante. Foram punidos pelos deuses, como os outros gigantes e titãs, porque tentaram escalar o céu. Daí a ira da Terra.

a bela Dido se dignara unir-se, e que agora passavam todo o inverno entregues a mútuas carícias, esquecidos de seus reinos, prisioneiros de sua torpe paixão. Essas coisas vai espalhando, de boca em boca, a hedionda deusa, que logo desvia seu voo até o rei Jarbas, incendeia-lhe o ânimo com a notícia e atiça-lhe a cólera.

Jarbas, filho de Amon e de uma ninfa raptada aos garamantes[16], erguera a Júpiter, em seu vasto reino, cem grandes templos e cem altares, nos quais ardia, sem cessar, o fogo sagrado, eterna sentinela dos deuses. O chão, em torno, estava sempre empapado com o sangue das vítimas e a entrada dos templos era enfeitada com grinaldas multicoloridas. Dizem que Jarbas, fora de si, cheio de raiva e indignação com tão cruéis rumores, se pôs diante do altar, no templo, entre estátuas dos deuses, e, de mãos erguidas, orou a Júpiter nestes termos: "Onipotente Júpiter, estás vendo a quem a gente africana, reclinada em coloridos leitos, está agora brindando com o licor de Baco, em suntuosos banquetes?! Não te importa isso? Será que te fazes temer em vão, ó Pai, quando atiras teus raios? E esses relâmpagos que saem das nuvens são cegos?[17] Só servem para nos amedrontar com inúteis estrondos? Essa mulher, que chegou errante[18] a minhas fronteiras e me comprou o direito de fundar uma pequena cidade; essa mulher, a quem dei, junto com as leis do lugar, um pedaço de terra para cultivar, recusou-se a casar-se comigo e recebe, em seu reino, Eneias como senhor. E agora esse outro Páris[19], com sua efeminada comitiva, o

---

[16] *Garamantes.* Povo africano que habitava o sul da Numídia.

[17] Jarbas queria que os raios e os relâmpagos não fossem lançados por Júpiter indistintamente sobre justos e injustos, mas somente sobre os maus, portanto, sobre Dido e Eneias.

[18] Veja no canto I, a história de Dido.

[19] Lembramos que Páris raptou Helena, dando origem à guerra de Troia. Eneias, quis dizer Jarbas, se aproveitou da hospitalidade para seduzir Dido, como Páris o fez com Helena.

cabelo perfumado, a cabeça coberta com a mitra[20] frígia, está desfrutando o seu rapto, enquanto eu trago inutilmente minhas oferendas a teus templos e alimento tua inoperante glória."

Ouviu o Onipotente ao homem que, abraçado ao altar, lhe dirigia tais queixas. Volveu os olhos às muralhas de Cartago e aos dois amantes esquecidos de sua reputação. Ato contínuo, dirigiu-se a Mercúrio[21] e lhe ordenou: "Vai depressa, filho, chama os zéfiros e voa até o chefe troiano, que se detém na cidade de Cartago, esquecido da que o destino lhe deu, e transmite-lhe minhas ordens. Não é esse o herói que sua belíssima mãe[22] me prometeu, nem foi para isso que duas vezes o livrei das armas gregas; pelo contrário, prometeu-me que ele regeria a Itália, cheia de impérios, fremente na guerra, que perpetuaria a estirpe do nobre Teucro[23] e que submeteria a suas leis o orbe inteiro. Se não o incita a glória proveniente de tão altos feitos, se não quer se dar ao trabalho de lutar pelo seu renome, estará ele, acaso, como pai, invejando as grandes realizações romanas de Ascânio? Que pretende ele fazer? Com que intento se demora entre gente inimiga, sem se importar com sua futura descendência ausônia[24] nem com os campos lavínios[25]? Que navegue: essa é a minha ordem. Leva a minha mensagem."

Mercúrio se preparou para cumprir a ordem de seu excelso pai: calçou os áureos talares[26] com que voa rápido como o vento,

---

20 *Mitra.* Chapéu ou barrete cônico, terminado em ponta, usado pelos frígios e outros antigos povos do Oriente.

21 *Mercúrio.* Filho de Júpiter e mensageiro dos deuses.

22 *Belíssima* mãe. Vênus.

23 *Teucro.* Veja canto I, nota 41.

24 *Ausônia, adj.* Italiana. Como substantivo, significa *Itália.*

25 *Lavínio.* Do Lácio. *Campos lavínios.* A terra do Lácio, onde Eneias haverá de estabelecer-se.

26 *Talares.* Asas que Mercúrio atava nos calcanhares. *Caduceu.* Bastão com duas serpentes enlaçadas e com duas asas na extremidade superior. É a insígnia de Mercúrio. Símbolo da Medicina.

sobre o mar e sobre a terra; empunhou o caduceu, com o qual evoca do Orco[27] as pálidas almas e envia outras ao sombrio Tártaro, dá e tira o sono e abre os olhos que a morte fechou. Por meio dele, impele os ventos e atravessa tempestuosas nuvens.

Já em pleno voo, Mercúrio avistou o cume e as íngremes encostas do sólido Atlante[28], que sustenta o firmamento e cuja cabeça, coroada de pinheiros, está sempre envolta em negras nuvens e açoitada pelos ventos e as chuvas. A neve cobre-lhe os ombros. Do queixo do ancião manam rios e o gelo enrija-lhe a barba hirsuta. Ali parou primeiro Cilênio[29], pairando e equilibrando-se nas asas. Dali, projetou-se sobre o mar, feito a ave, que, em voo rasante, circunda os recifes piscosos. Assim voou Mercúrio, ao afastar-se de Atlante, cortando o espaço rumo às praias da Líbia.

Assim que tocou com seus alados pés as cabanas de Cartago, viu Eneias atarefado na construção de fortalezas e casas da nova cidade. Da cintura pendia-lhe luzente espada com cabo marchetado de jaspe e dos ombros caía-lhe um rico manto de púrpura de Tiro, com fios de ouro, presente de Dido, feito por ela mesma. Mercúrio acercou-se dele e, sem rodeios, disse-lhe, repreensivo: "Então andas a construir os alicerces da altiva Cartago e, para agradar a uma mulher, lhe edificas uma bela cidade, lamentavelmente esquecido do teu reino e dos teus interesses? Venho do Olimpo, a mando do rei dos deuses, que dirige o céu e a terra. O que tens em vista? Com que intuito perdes o tempo na Líbia? Se não te incita a glória inerente a

---

27 *Orco.* Os infernos, o Tártaro.

28 *Atlante* ou *Atlas.* Rei mítico da Mauritânia. Aliou-se aos Gigantes na luta contra Júpiter, que o condenou a sustentar o mundo sobre os ombros. Perseu o transformou num monte. Virgílio o descreve aqui ao mesmo tempo como homem e como montanha.

29 *Cilênio.* Mercúrio.

teu altíssimo destino, se nada queres fazer para granjear alto renome, pensa, pelo menos, em Ascânio, já quase adolescente, pensa no teu herdeiro Iúlo, a quem o destino reservou o reino da Itália e a romana terra." Assim falou Cilênio. Sem esperar a resposta de Eneias, despojou-se da forma humana que assumira e desapareceu no ar.

Estupefato e perturbado ante aquela aparição, Eneias não conseguiu falar, a voz lhe ficou presa na garganta, os cabelos eriçaram-se-lhe de medo. Atônito com tão grave aviso e tão incisiva ordem de Júpiter, agora só deseja fugir e abandonar aquele doce país. Infeliz Eneias! Como fazer? Com que termos, com que rodeios ousará abordar a rainha, loucamente enamorada? Quais as primeiras palavras que deverá escolher? Põe-se a cogitar ora num, ora noutro modo de falar-lhe, deixa-se levar por diferentes soluções. Depois de longa indecisão, parece-lhe melhor o seguinte expediente: chama Sergesto, Mnesteu e o corajoso Seresto e ordena-lhes que, em sigilo, aparelhem a esquadra, reúnam os companheiros na praia e aprontem as armas, intimando-os a que dissimulem a causa daqueles repentinos aprestos. Enquanto isso, já que de nada sabe a boníssima Dido, nem espera que possa romper-se um amor tão profundo, ele descobrirá a melhor tática para abordá-la, o momento mais oportuno para falar-lhe e o modo mais adequado de encerrar o caso.

Contudo, a rainha (Quem pode enganar uma mulher apaixonada?) pressentiu a artimanha e foi a primeira a perceber a movimentação, temendo por aquilo que julgava seguro. Foi a própria malvada Fama quem levou à apaixonada Dido a notícia de que estavam preparando a esquadra para a partida. Enfurecida e fora de si, percorre toda a cidade como uma bacante, quando, nas orgias trienais[30], a excitam os gritos de evoé e a chamam os frenéticos cla-

---

30 Festas em honra de Baco, celebradas de três em três anos, na Grécia. Chamavam-se *bacanais,* orgias em que se cometiam excessos de todo tipo. Realizavam-se à noite, no monte Citeron, para onde as bacantes se dirigiam frenéticas

mores noturnos do Citeron[31]. Dirige-se, por fim, a Eneias e o interpela nestes termos:

"Esperavas, pérfido, poder dissimular tão grave crime e partir de minha terra às escondidas? Não te detém o nosso amor, nem teus juramentos doutro dia, nem a própria Dido, que morrerá de morte atroz? Além disso, cruel, preparas a tua esquadra no inverno e te apressas a navegar agora que sopra o Aquilão[32]? Dize-me: se não estivesses buscando terras estranhas e desconhecidas moradas e se a antiga Troia ainda existisse, partirias para Troia com tua esquadra, através de mares tempestuosos? É de mim que foges? Por estas minhas lágrimas, por tuas promessas (pois nenhuma outra coisa guardei para mim mesma), pelo nosso casamento, pelo nosso iniciado himeneu[33], se algo de bom mereço de ti, ou se algum bem te fiz, eu te suplico (se ainda te comovem súplicas) tem pena de meu país arruinado, desista da tua resolução. Por tua causa, os povos da Líbia e os chefes dos nômades[34] me odeiam e atraí a antipatia dos tírios; por ti sacrifiquei o meu pudor e a minha reputação, a qual, antes, me elevava aos astros. A quem me abandonas moribunda, hóspede? Este é o único nome que resta daquele que foi meu esposo. Retardar a minha morte para quê? Para que meu irmão Pigmalião venha destruir minha cidade ou para que o africano Jarbas me leve cativa para sua terra? Se, pelo menos, antes de tua fuga, me tivesses dado um filho; se eu visse brincar no meu palácio um pequeno Eneias, cujo rosto me lembrasse o teu, não me sentiria de todo traída e abandonada." Essas as palavras amarguradas de Dido.

---

31 *Citeron.* Monte da Grécia, perto de Tebas.

32 *Aquilão.* Vento que sopra do norte. Adverso, portanto, a Eneias, que ia navegar rumo à Itália.

33 *Iniciado himeneu.* Expressão com que Virgílio dá a entender que o casamento não se consumou pela união sexual dos dois amantes.

34 *Chefes nômades.* Referência a Jarbas, que a odiava.

Eneias, assediado pela ordem de Júpiter, mantinha os olhos fixos e lutava para dominar a emoção. Por fim, respondeu brevemente a Dido: "Eu jamais negarei, ó rainha, que te devo incontáveis favores. Será sempre um prazer recordar-me de Elisa[35], enquanto eu viver. Pouco direi a meu favor, para justificar-me. Nunca tencionei fugir furtivamente, não penses nisso. Nem tampouco vim aqui para acender as tochas do himeneu nem me comprometi contigo como esposo. Se o destino me tivesse permitido dispor de minha vida a meu gosto e cumprir livremente as minhas obrigações, eu viveria em Troia e ali ficaria para honrar os restos mortais dos meus parentes, reconstruir o Palácio de Príamo e levantar para os vencidos uma nova cidade. Agora, porém, Apolo manda-me ir para a grande Itália; para a Itália ordenam que eu vá os oráculos da Lícia. Lá está a minha pátria, lá o meu amor. Se a ti, nascida na Fenícia, te apraz contemplar as fortificações de Cartago e as belezas da cidade, por que te aborrece que nós, teucros, nos estabeleçamos na Itália? Também nós, temos o direito de buscar um reino estrangeiro. Todas as vezes que a noite cobre a terra com suas sombras, todas as vezes que os astros brilham no céu, a inquieta imagem de meu pai Anquises me admoesta, em sonhos, e me apavora, e junto dele me adverte meu filho Ascânio, que eu tanto amo e a quem estou privando injustamente do reino da Itália e dos campos que os fados lhe prometem. Hoje mesmo o mensageiro dos deuses, enviado pelo próprio Júpiter (atesto pela minha cabeça e a de Ascânio), me trouxe ordens através do espaço. Eu mesmo vi claramente o deus, banhado em luz, entrando na cidade e ouvi sua voz com estes ouvidos. Cesse, pois, de agravar com tuas queixas teu sofrimento e o meu. É contra a minha vontade que vou para a Itália."

---

35 *Elisa*. Outro nome de Dido. Mais adiante ela mesma o usará.

Enquanto Eneias expunha as razões de sua partida, Dido lhe dirigia olhares ferozes, volvendo os olhos sem direção. Depois que ele acabou de falar, ela mediu-o de alto a baixo e lhe disse, furiosa: "Nem tua mãe é uma deusa, pérfido, nem Dárdano, o autor de tua estirpe. Gerou-te o hórrido Cáucaso, sobre duro penhasco, e foram as tigresas hircanas[36] que te amamentaram. Para que dissimular o que sinto? Por que vou ficar esperando maiores ultrajes? Acaso o comoveram meus rogos e minhas lágrimas[37]? Dignou-se de me olhar? Acaso chorou, vencido por minhas lágrimas? Compadeceu-se de sua amante? Haverá ofensa mais grave que essas? Ah! Nem a grande Juno nem o pai dos deuses veem essas coisas com equidade! Já não se pode confiar em ninguém. Lançado à praia, necessitado de tudo, o acolhi e lhe aluguei, insensata, parte do meu reino; abriguei sua esquadra danificada e salvei da morte os seus companheiros. Tamanha ingratidão me queima e enfurece. Esse ingrato agora se desculpa com o vaticínio de Apolo, os oráculos da Lícia e com o mensageiro dos deuses, o qual, enviado pelo próprio Júpiter, lhe trouxe pelos ares essa horrível ordem. Até parece que é essa a ocupação dos deuses[38]! Essa preocupação, seguramente, lhes perturba o repouso! Não te detenho nem vou refutar tuas evasivas. Vai, vai em busca da Itália nas asas dos ventos! Vai, sobre as ondas, buscar o teu reino! Faço votos que, se algo podem os piedosos numes, no meio dos escolhos encontres o merecido castigo e que, no teu desespero, invoques muitas vezes o nome de Dido. Mesmo longe de ti, seguir-te-ei como um fogo negro e quando a fria morte houver raptado a alma do meu corpo, estarei a teu

36 *Hircanas*. Da Hircânia, região vizinha do Cáucaso, habitada por povos selvagens.

37 Nesta frase e nas dez seguintes, Dido usa, com desprezo, a 3ª pessoa, referindo-se a Eneias.

38 Notar a ironia de Dido.

lado, em toda parte, como pavorosa sombra. Espiarás teu crime, homem perverso. Eu o saberei, pois a notícia de teu castigo chegará até mim na profunda mansão dos manes[39]." Feitas essas ameaças, sem esperar a réplica de Eneias, retirou-se muito abatida, deixando-o indeciso e amedrontado, mas com louca vontade de rebater o que ela dissera. As servas acudiram para socorrer a rainha, levaram-na desfalecida aos aposentos e deitaram-na em seu leito.

O piedoso Eneias, embora quisesse consolar e confortar a aflita Dido e com suas palavras livrá-la do sofrimento, gemendo muito e sentindo uma onda de amor invadir-lhe a alma, decidiu, contudo, obedecer às ordens dos deuses e foi revistar a armada. Então os troianos se atiram à lida marinheira, desencalham, ao longo da praia, as altas naus, depois de as alcatroar[40]. Sobre as águas já flutuam as embarcações. No afã de apressar a fuga, trazem da selva, para servirem de remos, paus e varas ainda com folhas, não falquejados[41]. Podem ser vistos correndo, vindo de todas as partes da cidade, como as providentes formigas quando pilham um montão de trigo e o carregam ao formigueiro, para o consumo de inverno. Vai pelo campo, entre ervas, o negro batalhão, levando sua presa por estreita vereda: umas carregam nas costas, com muito esforço, os grandes grãos; outras, na retaguarda, apressam os pelotões e castigam as morosas. Ferve com a faina todo o carreiro.[42]

O que sentias, Dido, ao contemplar aqueles preparativos? Que lamentos subiam do teu peito ao ver, do alto de teu palácio, a fremente movimentação dos retirantes? Amor cruel, a que não impe-

---

39 *Manes.* Almas dos defuntos.

40 *Alcatroar.* Cobrir com fina camada de alcatrão (a quilha, o casco da embarcação).

41 *Falquejado.* Desbastado, preparado (um tronco, um pau) para a sua utilização.

42 *Carreiro.* Caminho percorrido pelas formigas carregadeiras.

les os corações dos mortais?! Novamente, Dido cede ao impulso de recorrer às lágrimas e às súplicas e de submeter o orgulho ao jugo do amor, para que, ao menos, nada deixe de tentar antes de morrer.

"Ana, diz à irmã, estás vendo a azáfama que anda pela praia? Está chegando gente de toda parte. As velas já chamam os ventos, e, alegres, os marinheiros já enfeitaram as popas com grinaldas. Se eu pude prever tão grande sofrimento, também poderei suportá-lo. Contudo, Ana, faz um favor a esta tua infeliz irmã, pois, aquele pérfido só a ti estimava e até mesmo te confiava seus mais íntimos sentimentos; só tu conhecias a ocasião oportuna e o caminho fácil para chegar ao coração dele. Vai, irmã, e, suplicante, fala a esse soberbo inimigo. Dize-lhe que eu não jurei em Áulida[43] com os gregos exterminar a nação troiana, nem enviei uma frota contra Troia, nem violei a sepultura de seu pai Anquises. Pergunta-lhe por que se recusa a ouvir-me. Aonde vai com tanta pressa? Que conceda à sua infeliz amante este último favor: que espere, para fugir, melhor época e ventos favoráveis. Dize-lhe que eu não levo em consideração o passado enlace matrimonial, que ele violou, que eu não lhe peço se prive de seu lindo Lácio nem que renuncie a seu reino. Só lhe peço uma breve espera, um momento de descanso para acalmar minha furiosa paixão, até que a sorte me ensine a suportar, resignada, a minha dor. Tem pena de mim, Ana: pede-lhe, por mim, esse derradeiro favor. Se ele me atender, eu lhe retribuirei, em dobro, com a minha morte."

Essas as queixas e súplicas que a aflitíssima Ana leva e torna a levar, uma e outra vez, a Eneias. Ele, porém, se mostra insensível a

---

43 *Áulida*. Porto da Beócia (Grécia) onde Agamêmnon reuniu a frota grega, cujos chefes se comprometeram, sob juramento, a ir lutar contra Troia. Foi em Áulida que Agamêmnon sacrificou sua filha Ifigênia para obter dos deuses ventos favoráveis.

prantos e, inflexível, não escuta súplica alguma. Os fados não lhe permitem ceder, um deus lhe fecha os ouvidos para torná-lo inabalável. Como quando os ventos alpinos porfiam por derrubar velho e robusto carvalho, rugindo, fazendo oscilar e estremecer o tronco e juncando o chão de folhas, enquanto a árvore continua firmemente cravada na rocha, a copa desafiando o céu, as raízes se aprofundando no Tártaro[44], assim é açoitado Eneias por aquelas incessantes súplicas, que lhe angustiam o magnânimo peito. O herói, porém, persiste firme em sua resolução e debalde fluem as lágrimas.

Então a infeliz Dido, apavorada ante seu cruel destino, implora a morte. Causa-lhe enfado contemplar a abóbada celeste. A resolução de pôr termo à vida consolidou-se quando, ao colocar suas oferendas sobre o altar, donde subiam volutas de incenso (horroriza-me dizê-lo), viu o sagrado leite ficar preto e o vinho converter-se em sangue impuro. A ninguém revelou o estranho fenômeno, nem mesmo à irmã. Havia em seu palácio um pequeno templo de mármore consagrado a seu falecido esposo Siqueu. Ela o decorou ricamente e costumava enfeitá-lo com fitas brancas e coroas de flores e folhagens. Ali, agora, à noite, parece-lhe ouvir vozes e palavras do marido, que a chama, enquanto, na torre do palácio, a coruja solitária solta lúgubres pios e lastimosos gemidos. Além disso, atemorizam-na numerosas predições de velhos vates, cheias de terríveis avisos. O próprio cruel Eneias lhe aparece em sonho e a enfurece. Sempre se imagina estar sozinha e abandonada, andando, solitária, por longo caminho, em busca de seus tírios[45], num país deserto. Qual Penteu[46] que, demente, vê a turma

---

44 *No Tártaro.* No subsolo, no fundo da terra.

45 *Tírio.* Da fenícia, fenício.

46 *Penteu,* rei de Tebas, foi castigado por Baco por ter proibido o culto das bacantes. O deus se vingou tornando-o demente. Virgílio compara Dido a Penteu e a Orestes, alienados e com acessos de fúria. Um e outro são personagens trágicos do teatro grego.

das Eumênides[47] e cuida enxergar dois sóis e duas Tebas, ou qual Orestes[48], filho de Agamêmnon, quando, fora de si, foge de sua mãe armada de tochas e negras serpentes (como nas cenas do teatro[49]) e se depara com as vingadoras Fúrias, sentadas no limiar do templo de Apolo.

Depois que, vencida pela dor e enlouquecida, decidiu morrer, Dido concebeu, a sós, a ocasião propícia e o modo de pôr fim à vida. Disfarçando o seu intento e ostentando um semblante sereno e esperançoso, dirige-se a sua aflita irmã nestes termos: "Felicita-me, Ana! Encontrei o meio de conquistar Eneias ou de livrar-me do amor que me prende a ele. Situado a oeste, nos confins do Oceano, existe o país dos etíopes[50], onde o gigante Atlas faz girar sobre seus ombros a abóbada celeste, marchetada de fulgurantes estrelas. Chegou até mim, vinda desse país, uma sacerdotisa da nação massília, guardiã do templo das Hespérides[51], a qual cuidava das árvores dos pomos de ouro e dava ao dragão manjares orvalhados de fluido mel e soporíferas papoulas. Ela promete, com suas fórmulas mágicas, libertar os corações das amarras do amor e, ao invés, acender em outros a chama de violenta paixão amorosa. Afirma também ser capaz de parar as águas dos rios, fazer retroceder os

---

47 *Eumênides.* Fúrias, divindades infernais.

48 *Orestes.* Filho de Agamêmnon e Clitemnestra. Esta assassinou o marido. Orestes, para vingar o pai, matou a mãe e, por isso, as Fúrias se apoderaram dele.

49 Virgílio refere-se ao teatro grego, cujos poetas, sobretudo Ésquilo, Sófocles e Eurípides, puseram em cena heróis trágicos, como Orestes, Penteu, Édipo, Antígona, etc.

50 *Etíopes.* Aqui significa *africanos.* País dos etíopes: região situada no atual Marrocos.

51 *Hespérides.* Eram filhas de Júpiter. Habitavam ao pé do monte Atlas. Sua missão era vigiar, com a ajuda de um dragão, o jardim das Hespérides, cujas árvores produziam maçãs de ouro.

astros e evocar os manes de noite: ouvirás a terra mugir sob os pés dela e verás os olmos descerem das montanhas. Testemunhas me são os deuses e tu, querida irmã, a quem tanto amo, de que é contra a minha vontade que recorro às artes mágicas. Ergue, Ana, secretamente, no pátio do interior do palácio, ao ar livre, uma pira e sobre ela coloca as armas de Eneias, que o ímpio deixou penduradas em nosso quarto, suas roupas e objetos e o próprio leito conjugal, sobre o qual me perdi. Quero, e assim ordena a sacerdotisa, que seja destruído tudo quanto possa lembrar esse malvado." Diz isso e permanece calada, o rosto pálido. Ana, contudo, não suspeita que sua irmã disfarce sob aquele estranho sacrifício intentos fúnebres, nem imagina que seu delírio chegue a tal extremo, nem teme que seu desespero supere o que ela experimentou na morte de Siqueu. Assim, pois, executa o que a irmã lhe pede.

Erguida a grande pira com achas de pinheiro e azinheira, no interior do palácio, ao ar livre, a rainha enfeita o recinto com coroas de flores e fúnebres ramagens; coloca sobre o leito as roupas, a espada e a imagem de Eneias, certa da sorte que a espera. Vários altares circundam a pira, e a sacerdotisa, com os cabelos soltos, três vezes invoca, com voz forte, os cem deuses infernais, o Erebo, o Caos, e Diana, a virgem dos três rostos[52]. Depois derrama turvo líquido, simulando o da fonte de Averno, e venenoso suco de ervas ceifadas com foice de cobre, à luz da Lua, ao qual mesclou o hipômane[53], arrancado da testa de potro recém-nascido, subtraído à mãe. Dido, um pé descalço, a túnica solta, apresenta ao altar com suas piedosas mãos a sagrada farinha e, à beira da morte, toma por testemunha os deuses e os astros, sabedores de seu fatal

52 Entre os romanos, Diana, a Lua e Hécate eram três sinônimos: Diana, na Terra, Lua, no céu, e Hécate, nos infernos.

53 *Hipômane*. Excrescência encontrada na testa de potro recém-nascido.

destino; e se existe alguma divindade justa e vingadora dos amantes traídos, também a implora.

Era noite, e os corpos, vencidos pelo cansaço, desfrutavam plácido sono. Estavam sossegadas as selvas e os temíveis mares. Era a hora em que os astros giravam na metade do seu curso, em que os rebanhos dos campos, as aves de colorida plumagem e os animais que habitam os lagos e os ásperos carrascais estavam entregues ao sono e ao silêncio da noite. Só a desditosa Dido, pensativa e agitada, não consegue conciliar o sono. Nem seus olhos nem seu coração acolhem o dom da noite, a paz. Dobram-se os seus sofrimentos e, ressurgindo novamente o seu amor, ela se enfurece e se agita em violento turbilhão de cólera. Fomenta, assim, a sua ideia, o seu intento, e revolve em sua mente estes pensamentos cheios de indagações:

"Que hei de fazer? Desprezada por Eneias, procurarei os meus antigos pretendentes, para ser motivo de escárnio? Pedirei, suplicante, o consórcio de algum dos númidas, a quem tantas vezes rejeitei? Seguirei a armada dos troianos, para submeter-me, como escrava, às suas ordens? Sem dúvida, estou satisfeita por os ter auxiliado e acho que guardam boa lembrança e alimentam sentimentos de gratidão pelos favores recebidos. Mas há quem concorde, ainda que eu queira? Receber-me-iam em suas soberbas naus, mesmo detestada? Ignoras, mísera, não vês que esses descendentes de Laomedonte[54] são gente falsa? Que devo fazer, então? Irei sozinha no encalço desses aventureiros, ou, rodeada de toda a minha guarda, os perseguirei com os meus tírios? E os que a custo arranquei de Tiro vou expô-los de novo aos perigos do mar, ordenarei que abram as velas ao vento? Não! Morre, que é o que mereces;

---

[54] *Laomedonte.* Rei de Troia, pai de Príamo. *Descendentes de Laomedonte*: os troianos.

extirpa a dor com ferro. Tu, irmã, comovida com as minhas lágrimas, aumentaste a minha cega paixão, agravaste o meu mal e me expuseste ao meu inimigo. Não me foi permitido viver solteira, desfrutar o amor como as feras, sem cometer delito nem ter aflições. Não guardei a fidelidade que prometi às cinzas de Siqueu!" Tais os lamentos que rebentavam do peito da rainha insone.

Decidido a partir, tudo convenientemente preparado, Eneias dormia na popa de sua nau, quando viu, em sonhos, a imagem do mesmo deus que já lhe havia aparecido, imagem, em tudo semelhante a Mercúrio, na voz, na cor, no cabelo louro, no talhe juvenil e belo. E novamente o repreendia a visão:

"Filho de Vênus, podes ficar dormindo em uma hora tão grave como esta? Disposta a morrer, agitando-se num mar de cóleras e vinganças, a rainha revolve em seu peito ciladas e maldades terríveis. Não precipitas a fuga enquanto é tempo? Logo verás o mar coalhado de naus e brilhar ameaçadoras tochas. Hás de ver tua frota em chamas, se a Aurora te apanhar parado nesta terra. Vamos! Parte depressa! A mulher é, por natureza, inconstante e volúvel." Dito isso, a aparição confundiu-se com as sombras da noite.

Apavorado, Eneias sacode o sono de seu corpo e incita os companheiros, bradando: "Despertai, homens! Içar as velas, rápido! Remadores, correi para os bancos! Pela segunda vez, um deus, vindo do alto éter, manda-me cortar as amarras e fugir depressa. Quem quer que sejas, nós te seguimos, augusta divindade, e novamente obedecemos, jubilosos, à tua ordem. Protege-nos e ajuda-nos; faz brilhar no céu astros favoráveis." Dito isso, desembainha a espada reluzente e corta, de um golpe, as amarras. Sua impetuosidade contagia a todos os companheiros, que agarram as coisas às pressas, precipitam-se, correm, abandonam a praia e, num instante, as naus balançam sobre as águas; os esforçados remadores, inclinados em seus bancos, provocam torvelinhos espumosos e as naus rasgam a planície azul.

Já a nascente Aurora, deixando seu colorido leito, espargia novamente os primeiros clarões sobre a Terra. A rainha, logo que percebeu que o dia despontava, foi à torre do palácio e dali viu a frota de Eneias afastar-se em perfeita ordem, deserta a praia, o porto sem remadores. Cheia de ódio, muitas vezes bateu no formoso peito e, arrancando fios da loura cabeleira, disse: "Por Júpiter! Esse estrangeiro me iludiu e deixará, impune, o meu país? E meus súditos não empunharão as armas, não sairão de toda a cidade para persegui-lo, não retirarão as naus de meus estaleiros? Ide todos, rápido, com archotes acesos, içai as velas, impeli as naus... Que estou dizendo? Onde estou? Fiquei louca? Infeliz Dido! Agora conheces a sua maldade. Devias percebê-la quando lhe davas teu cetro[55]. Essa é sua palavra, essa é sua lealdade, esse é o homem de quem dizem que leva consigo seus pátrios penates e que carregou nos ombros seu velho pai! Não pude arrebatá-lo, despedaçar seu corpo e dispersá-lo sobre as ondas! Não pude passar à espada seus companheiros e ao próprio Ascânio e oferecê-lo como manjar na mesa do pai! Na verdade, nesse combate a vitória teria sido duvidosa. Que fosse! Pouco se me dá! Já que vou morrer, de nada, de ninguém eu teria medo. Eu haveria levado tochas a seu acampamento, incendiado os seus navios e exterminado o filho e o pai com toda a sua raça e a mim mesma sobre eles... Ó Sol, que iluminas todas as obras da Terra, e tu, Juno, medianeira de minha união e conhecedora de minhas desgraças, ó Hécate, invocada a altos gritos, à noite, nas encruzilhadas das cidades, Fúrias vingadoras e deuses da moribunda Elisa[56], atendei às minhas súplicas e, como é

---

55 Isto é: Quando o acolheste em teu reino.

56 Veja nota 35.

justo, castigai esses malvados com vosso divino poder. Se é forçoso que esse homem infame chegue ao desejado porto e pise o solo da Itália, se essa é a vontade de Júpiter e se esse fato é irreversível, selado pelo destino, que, ao menos, castigado pela guerra e pelas armas de um povo audaz[57], expulso de seu território, arrancado aos braços de Iúlo, implore auxílio e assista à bárbara matança de seus companheiros; e, quando se submeter às condições de uma paz iníqua, não goze do reino nem desfrute a luz do dia, antes morra prematuramente e fique insepulto sobre a areia[58]. É o que vos suplico. Esse derradeiro desejo eu o selo com meu sangue. E vós, cartagineses, cevai vosso ódio em seu filho e em toda a sua descendência; oferecei esse fúnebre tributo às minhas cinzas. Nunca haja amizade nem alianças entre os dois povos. Levanta-te de minhas cinzas, ó vingador[59], e persegue a ferro e fogo esses colonos dardânios, agora e sempre, enquanto houver forças. Lutem praias contra praias, mares contra mares, armas contra armas, isso é o que impreco. Que nosso povo peleje contra eles e seus descendentes."

Dizendo isso, sentiu grande perturbação de espírito, cogitando no modo de pôr fim quanto antes à sua odiosa vida. Logo chamou Barce, nutriz de Siqueu (pois a sua havia morrido em Tiro), e lhe disse: "Quero, querida nutriz, que minha irmã Ana venha aqui. Dize-lhe que se apresse em purificar-se nas águas do rio e traga consigo as vítimas e as oferendas expiatórias. Feito isso, que venha sem demora. Quanto a ti, cinge a cabeça com as sagradas fitas. Quero concluir o sacrifício que, segundo o ritual, comecei a preparar

---

57 *Povo audaz*. O rútulos, antigo povo do Lácio.

58 Todas essas maldições de Dido se cumprirão.

59 Esse vingador será Aníbal, general cartaginês (247-183 a.C.), que infligiu várias derrotas aos romanos, na 2ª Guerra Púnica.

em honra de Plutão[60], pôr termo às minhas aflições e atear fogo à pira com a imagem do troiano." Disse isso e a velha serva se retira apressada.

Dido, trêmula e arrebatada por seu horrível intento, revolvendo os olhos injetados de sangue, ostentando no rosto lívidas manchas e a palidez de quem vai morrer, precipitou-se no interior do palácio, subiu, furiosa, no alto da pira, desembainhou a espada de Eneias, presente que ela não havia pedido para tal uso. Ali, depois de contemplar os objetos troianos e o tálamo, chorou e ficou, por instantes, pensativa, alheada. Finalmente, reclinou-se no leito e proferiu estas últimas palavras:

"Ó doces despojos[61], belos de ver enquanto o destino e os deuses o permitiram, recebei esta alma e libertai-a de meu sofrimento. Vivi, e concluí a carreira que o destino me reservou; agora a minha alma heroica descerá ao seio da terra. Fundei uma grande cidade, vi minhas muralhas. Vingadora de meu esposo, puni meu irmão inimigo[62]. Ah! Muito feliz teria sido, se as naus troianas nunca houvessem chegado às minhas praias!" Beijou o leito e acrescentou: "Hei de morrer sem vingança, porém, morramos! Assim, sem me vingar, é que eu quero descer ao reino das sombras. Que o cruel troiano veja, do alto-mar, esta fogueira e leve consigo o funesto presságio de minha morte."

E ao proferir essas palavras, as servas a veem golpear-se com a espada e cair, a lâmina e as mãos ensanguentadas. Grande clamor atroa em todo o palácio. A notícia espalha-se rapidamente na cidade e a comoção se apodera de todos. Nas casas, levantam-se os gemidos e os gritos das mulheres. Ressoam no ar grandes lamentos,

---

60 *Plutão.* Deus dos infernos.

61 *Despojos.* Roupas e objetos de Eneias.

62 Dido vingou seu marido Siqueu, punindo Pigmalião. Virgílio não diz como.

como se Cartago ou Tiro, assaltadas por inimigos, desmoronassem, e furiosas chamas invadissem as moradas dos homens e dos deuses.

Apavorada, Ana ouve o clamor e acode com vacilante passo; fora de si, fere o rosto com as unhas, golpeia o peito, precipita-se no meio de todos e chama a gritos a moribunda irmã: "Era este, Dido, o sacrifício que preparavas? Tu me enganaste, irmã! Essa pira, essa fogueira, esses altares eram para a tua desgraça! Nem sei como expressar meus lamentos, minha dor, pois te perdi para sempre! Por que não me quiseste como companheira de tua morte? Por que não me chamaste para compartilhar do teu destino? Sofreríamos juntas o golpe do ferro. Foi para que eu não presenciasse o teu sacrifício, cruel, que armei essa pira e invoquei os deuses pátrios? Extinguiste a tua vida e a minha, irmã. E também a do povo, dos senadores e a de tua cidade. Dai-me água para lavar suas feridas. Se na sua boca ainda houver um sopro de vida, eu o recolherei com a minha." Dizendo isso, sobe os degraus da pira, abraça, entre gemidos, a irmã agonizante e, com seu próprio vestido, limpa-lhe o sangue da ferida. Dido se esforça para levantar os olhos, mas não consegue e desmaia. Pela profunda ferida aberta no peito evola-se ruidoso hálito. Três vezes, apoiando-se nos cotovelos, tenta erguer-se, e três vezes cai no leito. Busca, com indecisos olhos, a luz do céu, e encontrando-a, geme.

Vendo isso, a onipotente Juno, compadecendo-se daquele longo sofrimento e prolongada agonia, envia Íris[63] do Olimpo, a fim de libertar do corpo aquela alma que lutava para livrar-se da matéria, mas não conseguia porque, morrendo Dido, não por natural lei da condição humana nem por merecido castigo, senão prematuramente e arrebatada por súbito furor, Prosérpina[64] ainda não

---

63 *Íris.* Mensageira dos deuses. É personificada no arco-íris.

64 *Prosérpina.* Esposa de Plutão. Era crença que ninguém morria sem que antes Prosérpina lhe cortasse alguns fios de cabelo da testa. Aqui, Íris, a mando de Juno, desempenha uma função própria de Prosérpina.

lhe havia cortado a mecha do ruivo cabelo da testa, para destiná-la à morte. Íris, abrindo no espaço as douradas asas, úmidas de orvalho, formando no céu um arco de mil cores, oposto ao sol, vem pairar sobre a cabeça da rainha e diz:

"Cumprindo a ordem que recebi, levo este sagrado tributo a Plutão e te desligo desse corpo." E corta-lhe o cabelo com a destra. No mesmo instante, todo o calor do corpo de Dido se dissipa e a vida se desvanece no ar[65].

---

[65] Virgílio não foi feliz em optar por um desenlace trágico para esse belo episódio de amor. Dido, uma das mais destacadas personagens do seu poema épico, deveria ter colocado o amor a Cartago acima do amor a Eneias, mostrar-se uma rainha forte e corajosa, uma mulher que não mendigasse o amor de um homem que não queria casar com ela. Se devesse morrer, que fosse como heroína e não como suicida.

Impresso no Brasil pelo
Sistema Cameron da Divisão Gráfica da
DISTRIBUIDORA RECORD DE SERVIÇOS DE IMPRENSA S.A.
Rua Argentina 171 – Rio de Janeiro, RJ – 20921-380 – Tel.: 2585-2000